法学名篇小文丛

本文是冯·巴尔教授提交给德国第62届法律人大会的鉴定意见

1998年 德国不莱梅

大规模侵权损害责任法的改革

Zur Reform des Rechts der Haftung für Massenschäden

[德] 克里斯蒂安·冯·巴尔/著

贺栩栩/译

中国法制出版社

CHINA LEGAL PUBLISHING HOUSE

推荐序

近来，冰岛火山喷发成为世界媒体的一个焦点话题。通过各种报道，我们可以看到，在这场由大自然引起的灾难中，其受害者之多、损害后果之严重令人咋舌。其实仔细思考一下，我们不也是被时时刻刻有可能喷发的“火山”包围着吗？高速公路上的连环撞车、缺陷医药产品导致的严重后果、损害范围巨大的食品安全事件、包括油污在内的不可逆的环境污染等人为原因引起的诸多事件，这些不也同样是可能造成严重损害后果的另外一种形式的“火山”喷发吗？人时时刻刻被可能要喷发的“火山”包围着，甚至文明程度越高，人们享受的利益越大，作为副产品的风险也相应地就会越大。人所享受的利益与风险往往相伴而生，现代文明社会也就成为“风险社会”。社会学家乌尔里希·贝克最早系统阐述了“风险社会”的基本概念和理论框架，其大作《风险社会》中第一部分的标题就是“生活在文明的火山上：风险社会概观”。“文明的火山”一旦喷发，受害者众矣，损害后果亦重矣。大规模侵权就是在风险社会这样一个语境下作为独立的问题凸显出来的。

正如冯·巴尔教授在本书中所言，大规模侵权不是法律的概念，只能对它进行大致的描述。尽管如此，大规模侵权在法律上还是有其独特之处。长期以来，侵权法以“遭受损失之人自负损失”这个原则作为出发点，进而考量行为自由和法益保护之间的妥当平衡，而这可谓侵权法中的“一个出发点，两个基本点”。故侵权法所关注的问题就是责任发生（为何负责）和责任承担（如何负责），对此的回答就构成了侵权法的基本框架和基本规则，从而形成侵权法的整体“外在体系”。但在大规模侵权之中，许多传统回答似乎都无法完全解决所面临的问题。由此，对大规模侵权的研究首先扩展了侵权法关注的视野，深化了对侵权法既有问题的认识，在这个意义上，大规模侵权问题真可谓是撬动侵权法的一个支点。冯·巴尔教授在这本书中，即是主要围绕着大规模侵权对侵权法的扩展与深化而展开的。

细细读来，冯·巴尔教授对道路交通事故、客运交通运输事故、环境侵权、瑕疵产品、大型活动五种致发原因造成的大规模侵权问题作了探讨。这些探讨不仅仅是单纯的技术性思考，而且也有其价值评价考量，即在风险社会中，如何控制“文明的火山”的喷发，对“文明的火山”的喷发所造成的损害如何予以妥当的救济，经由“内在体系”的价值关注思考“外在体系”的规则构建。在具体研究之中，冯·巴尔教授往往首先分析问题之所在，梳理德国现行法上对这些问题的教义性解释方案，审慎参酌比较法研究，最后回答是否有必要在立法上规定或如何规定新的法律规则。整个研究思路一气呵成，资料翔实，但却紧紧围绕一个中心论题，即在德国，大规模侵权责任是否存在制定新的法律规则的必要性。可以看出，在冯·巴尔教授的这个研究中，立法论和解释论实现了有机的结合，同时以立法论作为思考的基本立场。在中国，《侵权责任法》虽然已经通过，但通过民法典统合民事立法的任务即将展开，在此背景之下，冯·巴尔教授的这个思考立场决定了他的这个研究能够发挥更为直接的意义。

冯·巴尔教授的这个作品在德国公开出版之后，引起了诸多反响，誉谤皆有之。但法学作为一门科学，法学者的观点最终不能也不应以立法采纳与否和其他人同意与否作为最终的判断标准。我的湖北公安同乡明代袁宏道曾言："道不足以治天下，无益之学也；狂不足以共天下，无用之人也。"学者的家国天下情怀和不人云亦云的书生之"狂"，岂非我辈所共享之?

我与冯·巴尔教授相识经年，也曾译过他的巨著《欧洲比较侵权行为法》；今又见他的作品逐译成中文，不胜欣喜，略叙数语，希望本书的出版能够对我国这个领域的研究有所助益。

张新宝

2010年6月

Vorwort zu der chinesischen Übersetzung

Es ist mir ein Bedürfnis, mich bei meinem Schüler ZHANG Hong und seiner Kollegin HE Xuxu dafür zu bedanken, dass sie meine Vorschläge zur rechtlichen Bewältigung der Haftung für Massenschäden in die chinesische Sprache übersetzt haben. Das in diesem Band veröffentlichte Gutachten habe ich vor etwa zehn Jahren für den Deutschen Juristentag erstattet. Es entwickelt Modelle zur Zusammenfassung von zivilrechtlichen Verfahren und zur Steigerung ihrer Effizienz, lehnt aber die Übernahme amerikanischer Verfahrensweisen ("class actions") ab. Außerdem unterbreitet es Vorschläge zur Modernisierung des materiellen Rechts mit dem Ziel einer schnelleren Schadensabwicklung durch die beteiligten Haftpflichtversicherungen. Im materiellen Recht konzentriert sich das Gutachten vor allem auf die Regulierung von

Unfallschäden. Unfälle mit einer Beteiligung einer Vielzahl von Fahrzeugen sind auf unseren dichtbefahrenen modernen Autobahnen ein leider nicht seltenes Ereignis. Ein effizienter Schadensausgleich erscheint hier nur dadurch möglich, dass der Gesamtschaden anteilig auf die beteiligten Fahrzeugversicherer aufgeteilt wird. Massenschäden sind außerdem ein Kennzeichen besonders tragisch verlaufender Produkt- und Umwelthaftungsfälle. In ihnen treten neben Kausalitätsfragen oft auch schwierige Fragen des Internationalen Privatrechts auf. Das Gutachten hat auch dazu Lösungsvorschläge entwickelt. Ein Teil dieser Vorschläge findet sich heute in den Regelungen der Verordnung (EG) Nr. 864/2007 des Europäischen Parlaments und des Rates über das auf außervertragliche Schuldverhältnisse anzuwendende Recht wider.

Ich würde mich sehr freuen, wenn diese Übersetzung dazu beitrüge, den chinesisch-europäischen Dialog über Fragen des außervertraglichen Haftungsrechts weiter zu vertiefen.

Osnabrück im Januar 2010 Christian von Bar

对中译本的导言

在此我要感谢我的学生张红和他的同事贺栩栩，因为在张红的多方帮助和协调下，贺栩栩将我的《大规模侵权损害责任法的改革》翻译成中文并在中国出版。本文是我于10年前提交给德国第62届法律人大会的鉴定意见。在文中，提出了大规模侵权民事诉讼程序的合并，以此来提高司法效率的各种可行模式，就我个人而言，并不赞同借鉴美国法中集团诉讼（“class actions”）的做法。除此之外，在此鉴定意见中我也提出了自己对责任法实体法改革和现代化的建议，旨在借助强制责任保险对受害人的损失更快更有效地做出赔付。在实体法部分本意见着重探讨了如何就事故造成的损害结果进行赔偿的问题。在德国，车流量密集的高速公路上，殃及大量机动车的大规模交通事故屡有发生。在我看来，在这种类型的案件中，只有通过事故中的车辆责任保险公司对损害后果按比例进行分摊，才有可能对受害人进行有效的损害赔偿。产品责任和环境侵权领域大规模侵权的悲剧频发，除了因果关系的认定问题、因涉外因素牵扯到国际私法的内容也成为这些侵权领域的棘手问题。本法律鉴定书提出了可行的建议，其中很多建议也在《欧盟第864/2007号非合同之债法律适用条例》中具有直接适用效力的条文内容里得到反映。

如果通过这次翻译，可以为加深中国和欧洲关于非合同之债的责任法领域的法律对话和交流做出贡献，我将感到非常荣幸和欣慰。

克里斯蒂安·冯·巴尔

2010年1月于德国奥斯纳布吕克

目　录

第一章　导　　论[1]

“大规模侵权”并非法律概念。本鉴定意见将其简单理解为：涉及大量受害人的权利和法益的损害事实的发生。在生态侵权领域，大规模侵权指对自然和环境造成重大损失的损害事实的发生，它也包括对无主自然物质和资源，以及对生态关系链的破坏，至于个体的私法上法律地位是否受到影响，在所不问。[2]

大规模侵权可能发生在各个法律领域，向我们提出了包括如何补偿受害人损害在内的一系列责任法上的问题。但从总体上看，因果关系的不确定性仍然是大规模侵权中的一个难题。在程序法上，数量众多的

---

〔1〕 在此感谢我的助手 Matthias Hünert 先生，感谢他为我完成这份鉴定意见所提供的各方面的协助。

〔2〕 Seibt, Christoph H., Zivilrechtlicher Ausgleich ökologischer Schäden, Tübingen 1994, S. 9 f.

受害人的诉求如何有序地提出、展开和完成，以避免冗长繁琐的诉讼程序和高额的诉讼费用，也是等待着我们去解决的问题。另外，受害人为不同国籍人的情况也经常出现，使得大规模侵权常常带有涉外因素，适用《民法典施行法》（Einführungsgesetz zum Bürgerlichen Gesetzbuch）第3条第1款关于冲突规范的规定。

由于篇幅有限，本意见不讨论国际私法、国际私法程序法的内容。环境侵权责任法中的“累积侵害损失”（Summationsschäden）的问题也不作涉及。本意见的实体法部分不探讨群体侮辱（Kollektivbeleidigung）以及大规模的纯粹经济损失问题［联合抵制造成的损失（Boykottschäden），银行倒闭（Bankenzusammenbrüche），说明责任（Prospekthaftung）等等］。文章将把重点放在阐述涉及生活领域的大规模侵权问题，尤其是与自然人身体、生命及其生活基本要素相关的侵权种类，目前为止损害事实也多发生在这个领域（不仅德国如此）。本文将论及道路交通事故（第二章），客运交通工具事故（这里主要指轮船和航空器事故）（第三章），环境侵权（第四章），瑕疵产品造成的大规模侵权（第五章），大型活动中发生的事故（第六章）。由于

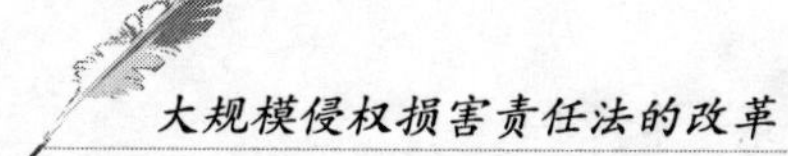

战争、暴乱和骚动造成的损害本意见不作涉及。以下正文部分我们将首先探讨现行民法责任法是否可以、以及在何种程度上可以来解决以上列举的各个领域范围内的大规模侵权的问题。然后在前面讨论得出的结论的基础上，提出我对修改草案的想法。

对大规模侵权在责任法体系内的解决方案的讨论已经体现在现有的很多重要法律中。[3] 只要篇幅允许，本意见将尽量顾及并寻求国外法律政策上能为解决德国的这个侵权法上的问题所提供的建议。而本意见也受到了目前尚未公布的司法部的《关于损害赔偿法规定修改的第二法案》（Entwurf des Bundesministeriums der Justiz eines Zweiten Gesetzes zur Änderung schadensersatzrechtlicher Vorschriften, auf dem Stand vom 27. 1. 1998）的草案的有力推动。草案建议在危

〔3〕 在美国最新的发表文章见《哥伦比亚法律评论》（Columbia Law Review）1997 年第 97 期中 Abraham（第 2102 – 2116 页），Berger（第 2117 – 2152 页），Bernstein（第 2153 – 2176 页），Feinberg（第 2177 – 2182 页），Krone（第 2183 – 2209 页）。德国方面的论文参见 Harald Koch, Die Bewältigung von Großschäden. Eine rechtsvergleichende Herausforderung für das Zivilrecht, in: Herausforderung an das Recht: Alte Antworten auf neue Fragen?, Rostocker rechtswissenschaftliche Abhandlung, Bd. 1（1998）, S. 95 – 115.

险责任中的精神损害赔偿的引入，致力于儿童在道路交通侵权责任法问题中、受害人在药品法领域中法律地位的改善。法律政策上的此种目标设定我本人非常认同和支持。我也希望这次德国法律人大会可以成为改革提案的推动者，并且对责任法领域的大规模侵权问题的解决发挥其应有的影响。

第二章　道路交通事故

第一节　现实状况

在过去几十年里，随着交通量的不断增加，在德国的高速公路上大规模的车辆碰撞事故也呈上升趋势。1976 年 2 月 26 日的斯图加特至路德维希堡段的联邦高速公路上发生了一个轰动性的特大交通事故，事故车辆达 192 辆。[4] 这样的例子屡见不鲜：1985 年 2 月 27 日在亚琛至科隆路段发生了 224 辆车连环相撞事故。[5] 而 1987 年 5 月 23 日纽伦堡至慕尼黑段的联邦高速公路上发生的特大交通事故中，受殃及的机

〔4〕 Deichl, Alois, "Die Regulierung des Massenunfalls", in: DAR, S. 47 - 52, 49.

〔5〕 Fichtner, Deutscher Verkehrsgerichtstag 1986, Veröffentlichungen der Referate und Entschließungen (VGT 1986), S. 105, 107.

动车也达179辆。[6]

目前，在德国道路交通事故法律规范中，对“大规模事故”（Massenunfall）尚未给出一个有约束力的定义。幸好道路交通领域的专业人士对此类现象和事实发生给出了一个相对更为确切、精准的表述：大量的交通工具牵连其中，并且损害事实的发生时间和发生空间紧密相连，而肇事过程的重现不可能实现，或者事故现场中的机动车辆面目全非，因而欲将整个事实发生划分为单个独立的事故不可能实现，或者这样的重现和划分面临重大困难，则构成“大规模事故”。[7] 与此相应的是，如果事故尚能分清一定数量的出事车辆组成的几个部分，并且从车体的最终位置上判断，在一定程度上还可以认定为它们是独立的部分，这样的情况下就不构成大规模事故，而是一系列单个事故的总和。多车追尾事故和连环车祸（Mehrfachauffahrunfall und der Ketten-oder Reihenunfall）就属于这样的例子。

---

〔6〕 Heitmann, Lutz, Massenunfälle als haftungsrechtliches Problem, in: VersR 1994, S. 135 - 142, 135.

〔7〕 Heitmann,（同脚注6）, S. 135; Jedamus, VGT 1981, S. 204; ähnlich auch der Abgrenzungsversuch von Grandel, VGT 1986, S. 130, 131.

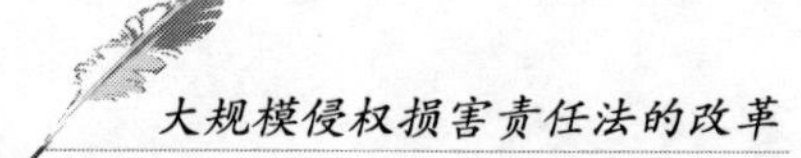

相当多数量的车辆相继追尾或者由于后面车辆的冲撞力推动继而撞向更前面的车辆酿成多车追尾事故。连环车祸是指许多车辆有一定间隔和间距地相撞，而构成一系列单个的事故，一定数量的出事车辆分别组成这些独立的部分。这里要说明的是，这类事故内部之间，以及它们与真正意义上的“大规模事故”之间，其实都没有严格和绝对的界分。

造成“大规模事故”经过的重现困难，有多方面的原因。在事故中经常是大量机动车冲撞在一起，然后又由于巨大的冲撞力造成出事车辆变形、散架、支离破碎。严重变形的车体和脱落零部件混杂导致无法辨认，可能的情况有出事车辆对撞挤压，车身已经相互锲入、移位；或者变形的车体和支离破碎的零部件散落高速公路的车行道、备用停车道以及分车带各处。多车追尾事故和连环车祸中，事故的查明和肇事过程的重现已经相当困难。因为如果事故当事人陈述互相矛盾，或者现场没有公正可信的目击者，或者以上两种情况兼具，则不得不依赖专家出具的机动车破损、刹车痕和侧滑痕以及其他客观线索的意见。由于大量的道路路面遗留的痕迹很多都无法确定其责任车辆，肇事过程的重现成为不可能，大量事实情况无法查明。

在真正意义上的“大规模事故”中，警察、营救人员和救援队并不能马上着手线索确认和事故认定。首先要保护事故现场，营救伤员、灭火、切断其他危险源，之后将尚有行驶能力的机动车开离现场，分离车身已经相互锲入的机动车。灭火剂会造成道路路面痕迹不可辨，尚遗留下的其他路面痕迹几乎无法确定其责任车辆。此外，出事车辆经多次碰撞刮擦，也包括可能还有救援中留下的痕迹，每一次的损害形态互相交叠。碰撞角度和先后顺序已无法确定。由于事故造成当事人感觉和记忆力的丧失和破坏，从当事人那里搜集真实可信信息的可能性极小。

当然也有这样的情况，大规模事故尚可查明起因于一个可以明确确定的导火索事故，譬如货车因超速行驶以及轮胎打滑被甩出去而阻碍高速公路的正常通行引发大规模事故。然而更多的情况是：在高速公路的某一个路段，车流突然陷于停滞，司机被迫减速或者停车。车行道上发生交通堵塞。之后的机动车纷纷采取刹车或者避让等措施，造成一系列追尾和碰撞事

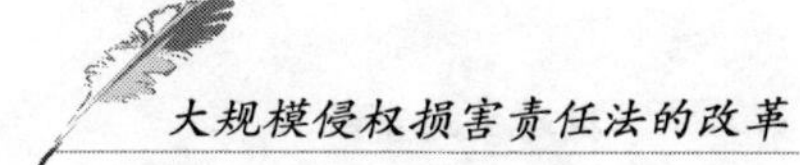

故。根据当时车流量、车速和其他外部条件的不同，分秒之间事故后果可能殃及到前后区域，造成不同程度的影响。在这种情况下，原本在高速公路上已经正常停靠下来的机动车也会被从后面开上来的其他车辆碰撞。这主要是因为大型货车因其自身的巨大重量发出一种似巨大的压机一样的冲击力。

第二节　受害人举证困难

依据现行的损害赔偿法，向其他事故当事人提出赔偿请求权或者向他们的保险公司要求第三人责任保险理赔者，有义务就损害事实举证和证明。作为请求权基础的《德国道路交通法》（Straßenverkehrsgesetz）（第 7 条第 1 款和第 18 条第 1 款的规定）尤其要求证明侵害事实和损害结果之间的因果关系，也即受害者权利或者法益受侵害是由于侵权人行驶机动车的行为所造成。如果受害者主张的是《德国民法典》（Bürgerliches Gesetzbuch）第 847 条一般侵权法上的权利，则还需证明侵权人行为的可归责性。无论如何，受害人都会因为以上章节中已详细阐述的原因而发生举证困难的情况。

在具体的大规模事故中，损害类型越是纷繁，损害范围越大，事故原因也越是复杂。这样一来，证明损害源也越是困难。如果机动车的车头、侧边和车尾都受到碰撞，通常来说，一定也存在好几个类型的事故原因。〔8〕人身受到损害的情况也与此相似。就构成损害赔偿请求权的事实要件的证明来说，对身处一系列事故事实发生中的其中一个独立部分的受害者，相对会简单一些。这里主要是指机动车追尾事故及相似类型。因为这种情况下，前车、后车都在场，作为请求权人的相对人相对而言会比较容易确定。即便如此，受害人举证的困难也未完全排除。因为有可能是后车自身直接撞向受害人的车，也有可能后车是由于更后面车辆的冲撞力推动继而撞向前车。如果只能确定机动车辆发生碰撞刮擦这一事实，仅以此是无法推断事故原因是以上列举的哪一种情况造成的。即使是由于后车自身直接撞向受害人的车这一事实无争议，或者可以证明，其他损害结果的因果关系问题仍然无

〔8〕 Heitmann，（同脚注6），S. 135，136f.

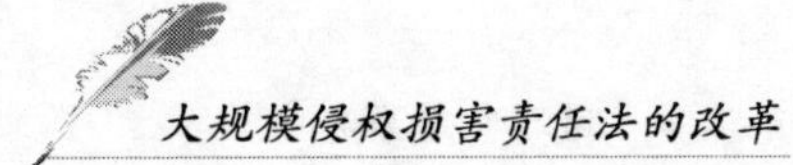

法解决。因为有可能在受到来自后面的撞击之前，受害人的机动车因受到前车的碰撞，在车头受损，乃至受害人本身都有可能发生人身侵害。[9]在车头和车前部受损的情况中，是否或者在何种程度上，损害事实是由于受害人自身追尾行为还是由于后面机动车的撞击而造成或者加重的[10]，尤其难以确定。

只要事实无法证明，是后车自身直接撞向受害人的车，还是由于更后面车辆的冲撞力推动继而与受害人的车相撞，尽管存在考虑其他更后面的机动车的责任问题的可能性，但与此同时，无疑更复杂化了受害人的证明问题。再假设，是由于更后面车辆的冲撞力推动继而撞向前面一系列正常停靠的车辆，致使受害人的车子殃及受损，也无法直接由此得出结论：受害人的机动车损害和人身伤害，以及损害和伤害的哪个部分，是由于这个原因造成的，或者说是由于这个原因扩大的。

受害人欲证明更为前面的机动车的责任，困难同样存在。可以通过前面的机动车司机的行为导致责任

〔9〕 Lehr，VGT 1986，S. 144，149f.

〔10〕 Heitmann，(同脚注6)，S. 135，137f.

成立的损害事实的发生：他的车辆由于发生与更前面车辆的追尾而停靠，因而缩短了受害人机动车的制动距离。[11] 即便这个问题得以证明，在“与有过错”领域也存在很大问题。因为我们也必须考虑到，受害人同样看到了其前车之前的机动车发生的事故，而他对处于车流量密集时的堵塞甚至停滞不前也负有一定的责任。[12] 此外我们还可以做出这样的设想：车行道已经由于前面路段的机动车而阻塞，即便受害人的前车没有发生追尾事故，而是正常停靠在车行道上，受害人的机动车依然难逃此劫，事故依然会发生。

对于前面路段的机动车构成责任成立的侵权行为的证明，会遇到更大的困难。即便在大规模事故尚起因于一个可以明确确定的导火索事故的情况中也是如此。因为当部分机动车得以在事故发生过程中及时停靠下来，这样一来，导火索事故和受害人机动车所处的这个事故总体之间的关系链就在一处甚至多处发生

---

〔11〕 OLG Düsseldorf 22. 8. 1973, MDR 1974, S. 42; Jagusch/Hentschel, Straßenverkehrsrecht, 33. Auflage, München 1995, §4 StVO, Rn. 17.

〔12〕 Lehr，(同脚注 9)，S. 156.

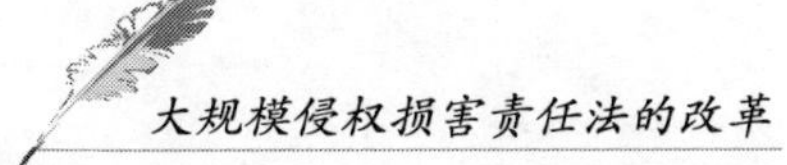

了中断，此时整个大规模事故的因果关系的证明，就会出现问题。〔13〕（在过错责任领域），当一个“一般的”的事故由于连锁反应而造成特大交通事故，因此承担大规模事故的责任，人们不禁要质疑此行为和责任的“等值性”。〔14〕

除此之外，大规模事故越来越无规律可循的事故经过也加剧了证明的困难。采取避让措施失败、离合器打滑以及车身失火等原因更是模糊了因果关系。在大规模事故中由于混乱复杂的事故经过使得原本的判断标准都发挥不了作用。大量车辆相继追尾或者由于后面车辆的冲撞力推动继而撞向更前面的车辆，受害人的车辆也深陷其中，这种情况下，已经无法再用“前、后、左、右”的区分概念。

第三节　现行法上举证责任的减轻

现行法上设置了一系列举证责任的减轻。以下我们将探讨这些举证责任的减轻设置如何适用于大规模

〔13〕 Lehr，（同脚注9），S. 158f.

〔14〕 Lehr，（同脚注9），S. 158f.

事故案件中，更有利于受害者主张权利。

一、表见证据（Anscheinbeweis）

习惯法上的表见证据（表面证据 Prima-facie-Beweis）[15]减轻了受害人对责任成立构成事实的证明责任。表见证明允许在定型化的事象经过中，对因果关系和过错行为的证明评价中适用经验规则。[16]“定型化的事象经过”是指依据一般生活经验，这一类事故发生依照一定的因果关系，遵循一定的发展过程。[17]但前提是当事人对事实情况必须无争议或者当事人一方证据确实、充分，得以完全地、确然地证明事实，举证责任由原告承担。同时，表见证明以“高度的盖然性”作为标准，即依据日常经验可能达到的那样的高度，疑问即告排除，产生近似确然性的可能。如果“定型化事象经过”的存在可能性只具有一般程度的盖然性，则不能成立表见证明。当事人所主张的案件

---

〔15〕 较新的文献资料见：Zöller-Greger，ZPO，20. Auflage，Köln 1997，vor § 284，Rn. 29.

〔16〕 Zöller-Greger，（见脚注 15），vor § 284，Rn. 29.

〔17〕 BGH 29. 6. 1982，NJW 1982，S. 2447，2448；Zöller-Greger，（见脚注 15），vor § 284，Rn. 29；Baumbach/ Lauterbach/ Albers/ Hartmann，ZPO，55. Auflage，München 1997，Anh. § 286，Rn. 16.

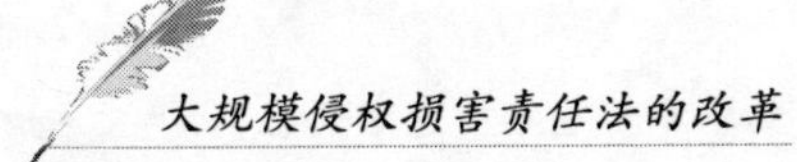

事实必须符合周期性、普遍性、频发性的事象经过范式。[18] 然而真正大规模就很可能无法满足这一要件。因为大规模道路交通事故的外部形态无法清楚辨认，自然也无法确定类型，更不必说从一个同类型的定型化的事象经过中得出推论。

表面证据原则只可能在大规模事故的某一个部分中找到其主要的适用空间。在这样一个相对独立的事故经过中，一定数量的机动车发生了追尾事故。依照表见证据规则，推断撞向前面行驶的机动车继而造成追尾事故的车辆存在过错。[19] 生活经验的结论是，撞向前面行驶的机动车要么没有留出足够车距，要么注意力不集中，因而行为有过错。然而在连环追尾事故中，这个原则并不适用于事故中间环节中导致追尾的其他肇事车辆，而只适用于最后一辆撞向前面行驶的机动车。因为对于事故中间环节中导致追尾的其他肇事车辆，当被告提出他本身也受到了后面的机动车的

〔18〕 Zöller-Greger，（见脚注 15），vor § 284，Rn. 29；BGH 3. 7. 1990，NJW 1991，S. 230，231.

〔19〕 BGH 20. 12. 1963，VersR 1964，S. 263，264；24. 6. 1969，VersR 1969，S. 856；6. 4. 1982，VersR 1982，S. 672；23. 6. 1987，S. 1241，1242；18. 10. 1988，NZV 1989，S. 105，106.

冲撞，表见证明结论就会受到质疑。[20] 在此基础上，如果被告可以进一步提供证据证明，由于追尾，原告的车辆停靠下来，从而缩短了原告车辆的制动距离，那么表见证明就被推翻。[21]

二、《德国民法典》第830条第1款第2句的规定

《德国民法典》第830条第1款第2句规定：两人以上以共同实施的侵权行为引起损害，每一个人就造成的损害负责任，不能查明孰以其行为引起损害的，亦同。就大规模事故的事实情况来看，如果受害人可以在此援引《德国民法典》第830条第1款第2句的规定，将有利于其主张权利，因为这类事故中往往无法查明，数个肇事者中何人造成了实际的损害，以及各人对损害结果应承担多少份额。

《德国民法典》第830条第1款第2句的规定旨在克服受害人举证困难的问题。当侵害行为由数人发起，但无法确定孰人实施的侵权行为引起了损害，或

〔20〕 OLG Karlsruhe 27. 11. 1981, VersR 1982, S. 1150; OLG Nürnberg 23. 6. 1982, DAR 1982, S. 329; OLG Frankfurt 24. 6. 1988, VRS 75 (1988), S. 256, 257.

〔21〕 OLG Düsseldorf 22. 8. 1973, MDR 1974, S. 42.

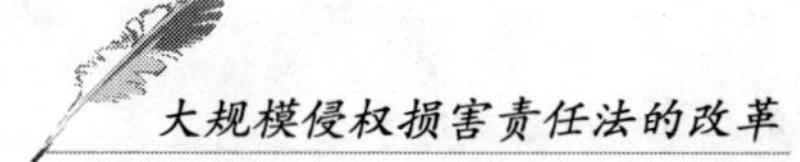

者虽然可以确定侵害人，但各人对损害结果所应承担的份额不明的时候，受害人举证困难的问题就凸显出来。法条的用意在于：在数人共同实施侵权行为的情况当中，损害赔偿请求权不应该由于事实上的侵害人无法确信无误地确定而落空。〔22〕《德国民法典》第830条第1款第2句的构成要件包括：第一，先不论因果关系，只要存在构成请求权成立的每个参与人的行为；第二，（任何）一个参与人事实上引起了损害结果；第三，尽管参与人中任何人都有可能造成了损害后果，但孰人对损害结果所应承担全部或部分的份额无法查明。〔23〕《德国民法典》第830条第1款第2句的规定也适用于《德国道路交通法》（Straßenverkehrsgesetz，StVG）第7条和第18条中在大规模道路交通事故中的相关责任问题，因为第830条第1款第2句的立法目的在于减轻受害人的举证困难，而侵害成立于过错责任抑或危险责任，在所不

---

〔22〕 BGH 15. 12. 1970，VersR 1971，S. 321，322.

〔23〕 BGH 7. 11. 1978，VersR 1979，S. 226，227.

问。[24]

然而在司法实践中，《德国民法典》第830条第1款第2句的适用还是被法官附加了一些限制。首先，如果可以查明，是由于参与者其中之一引起了损害结果，则对其他可能引起损害结果的参与人追究责任的责任基础就不再是《德国民法典》第830条第1款第2句的规定。[25] 其次，引起损害结果的每个参与人的行为必须都具备违法性要件，只要参与人之一有阻却违法性的事由，那么全部参与人都无需对损害结果负赔偿责任。否则，就会得出合法行为也能构成侵害结果的结论。[26] 参与者中的行为无过错的情况亦同，除非成就《德国民法典》第829条中作为例外情况的要件。（《德国民法典》第847条！）由于自己的行为造成伤害，受害人不享有损害赔偿请求权，《德国民法典》第830条第1款第2句的适用以损害赔偿请求权的存在为前提条件。这个条款中，只是请求权的相

---

〔24〕 BGH 23. 9. 1969，VersR 1971，S. 1023，1024. BGH 15. 12. 1970，NJW 1971，S. 509，510.

〔25〕 BGH 15. 12. 1970，VersR 1971，S. 321；BGH 22. 6. 1976，BGHZ 67，S. 14，20；BGH 18. 12. 1984，VersR 1985，S. 268，269.

〔26〕 BGH 17. 12. 1985，LM Nr. 2 zu §830 BGB，Bl. 784，785.

对人不能确定，但前提是，受害人必须被赋予了一个这样的请求权。受害人自己作为侵害行为的参与人，并且不排除由于他自己原因造成伤害或者他可能是损害事件发起人的情况，不得或者在其范围内不得向其他参与人请求损害赔偿。[27] 因而也不是第 830 条第 1 款第 2 句所调整的情况。

出于最后一点原因，《德国民法典》第 830 条第 1 款第 2 句的规定无法解决大规模道路交通事故中的损害赔偿问题。此外，在受害人向共同侵权行为人主张精神损害赔偿请求权时，该条款并不免除其对作为请求权成立要件的可归责性的举证和证明责任。这个条款也无法保护受害人由于没有向真正的侵权人主张权利可能造成的经济上的风险。譬如，被告可以通过证明他自己也受到后面机动车冲撞，来推翻他有过错的表见证明。除此之外，除非受害人能证明侵害事实与自己完全没有因果关系，否则他不能援引《德国民法典》第 830 条第 1 款第 2 句的规定主张权利。例如，受害人可以证明他已经及时地停靠了自己的机动车，

---

〔27〕 BGH 8. 5. 1973，NJW 1973，S. 1283；OLG Nürnberg 1. 12. 1977，VersR 1978，S. 1174，1175.

亦或者他可以证明如果没有侵权行为人的介入，他原本可以及时地停靠。最后要指出的是，当共同参与人中有人能证明可以构成《德国道路交通法》第 7 条中的危险责任所要求的因果关系，则第 830 条第 1 款第 2 句根本无适用空间。

三、《德国民事诉讼法》（Zivilprozessordnung，ZPO）第 287 条中法官对损害的裁量权

《德国民事诉讼法》第 287 条当然也适用于大规模事故，法官在处理这样的案件时，在满足此法条要件的前提下，无需严格按照举证规则的规定。法官依据《德国民事诉讼法》第 287 条的规定，在对构成侵权责任的要件的因果关系是否存在以及损害数额的确认上，可以适当减轻受害人的举证责任。然而如上所述，大规模事故的争议问题出现在责任的构成要件上，所以《德国民事诉讼法》第 287 条并不能解决问题。这是因为，事故经过无法查明，或者无法提供足够的线索来证明可能的事故经过的情况下，《德国民事诉讼法》第 287 条并无适用空间。[28]

---

〔28〕 Baumbach/ Lauterbach/ Albers/ Hartmann，（参见脚注 17），§ 287，Rn. 2.

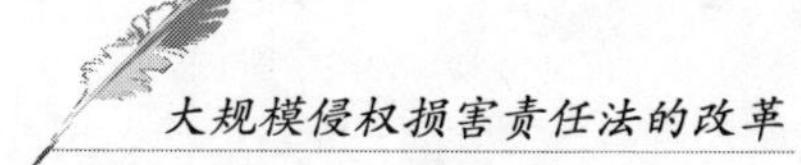

第四节 保险行业的应对手段

大规模事故中的受害人，通过民法损害赔偿法的途径来寻求一个经济上补偿的能力是十分有限的。德国的保险公司对此做出的反应是机动车第三人责任强制保险与机动车第三人责任强制保险再保险框架性协议（Das Kraftfahrzeughaftpflicht/Kraftfahrzeughaftpflicht-Rahmenteilungsabkommen）以及大规模事故的共同理赔原则（Grundsätzen für gemeinsame Regulierungsaktionen bei Massenunfällen）。

一、《机动车第三人责任强制保险与机动车第三人责任强制保险再保险框架性协议》（Das Kraftfahrzeughaftpflicht/ Kraftfahrzeughaftpflicht-Rahmenteilungsabkommen）

《机动车第三人责任强制保险与机动车第三人责任强制保险再保险框架性协议》（以下简称《协议》）存在至今已有数十载，它是德意志机动车事故和第三人责任保险联合会的一个协议。[29]《协议》旨在简化

〔29〕 据我所知，目前协议文本并没有公布，感谢德国保险业协会（汉堡）可以将此文本提供给我研究参考。

在牵扯到多辆机动车第三人责任保险之情形中保险公司间的追偿程序，以达到节省费用的目的。[30] 该协议的产生，最初并不是基于受害人的利益考虑。按照它的规定，被保险人首先向哪个保险公司主张请求权，则该保险公司即负责理赔（《协议》第5条）。然后在保险公司之间，以在事故中的被保险机动车的数量，按照份额对赔付的款项进行划分。条文中的“参与”者，包括碰触到受害者车辆或者客观上违反交通法规引起损害事实的机动车（《协议》第2条）。《协议》规定了一定的赔偿限额。目前，每辆机动车的赔偿限额是50000马克，包括司机为事故支出的所有费用，投保人、实际占有人或者车主的财产损失。超过部分的追偿，依照各事故的实际情况和法律规定来确定（《协议》第4条）。

就如前面已经提及的，该《协议》的产生，最初主要是基于承保第三人责任险的保险人的利益考虑。然而，反过来对受害人，《协议》也产生了积极的作用。

---

〔30〕 Heitmann，（同脚注6），S. 47，48f.

其中最为重要的是，通过《协议》第5条第1款[31]的规定，防止了由于各保险公司对赔付责任份额的争议而推诿、延迟赔付的情况。

但是必须注意的是，《协议》只在第三人责任险的保险人同意赔付的范围内发生效力。《协议》并不妨碍保险人与被保险人通过合同约定其赔偿范围，从而不参与共同的理赔。《协议》并没有设定对受害人的强制性的赔偿责任。在例如大规模事故中事实尚未查明的情况下，《协议》也并未为受害人减轻任何证明责任。只有在以下假设成立的前提下，即《协议》有利于提高保险人的积极性，也就是保险人在自己所需赔付的份额只占很小比例的时候也愿意接受受害人提起的赔付请求权，我们才可以说，《协议》使受害人间接受益。而需要注意的是，每辆机动车的赔偿限额是50000马克；此外，是否加入德意志机动车事故和第三人责任保险联合会从而成为会员并不是强制性的。并不是所有德国的汽车保险公司都加入了联合会，外国的机动车的保险人以及自己担负保险责任者

〔31〕《协议》文本为：受害人可以向任何一个协议成员提出理赔请求权，而该保险公司必须处理该事故理赔，在签署协议时有保留的除外。

（联邦、各州、大城市的机动车不参加保险）更不可能加入。尤其要强调的是，在“共同理赔”程序中排除《机动车第三人责任强制保险以及机动车第三人责任强制保险再保险框架性协议》的适用。[32]

二、大规模事故的共同理赔

《大规模事故的共同理赔原则》（Grundsätzen für gemeinsame Regulierungsaktionen bei Massenunfällen）（以下简称《原则》）为德国保险业处理此类事故的理赔提供了一个极为重要的手段。[33] 这个原则是由德意志机动车事故和第三人责任保险联合会（HUK-Verband）基于以上已经提及的1976年2月26日发生在斯图加特至路德维希堡段的联邦高速公路上特大交通事故以及在这次事故中所获得的有益经验而制定。[34] 作为德意志机动车事故和第三人责任保险联合会成员的所有保险公司参与共同理赔的目的在于，简化对大规模交通事故中受害人损害赔偿的程序，有利于保护受害人。涉及50辆以上机动车的事故原则上可

---

〔32〕 见《大规模事故的共同理赔原则》第4.3项。

〔33〕 同脚注29。

〔34〕 Deichl，（见脚注4），S. 47，49ff.

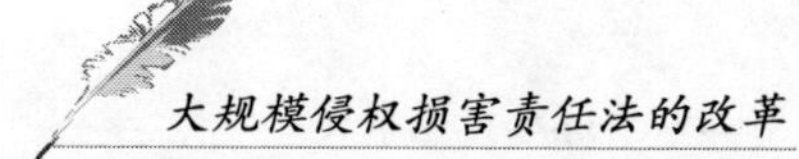

以适用共同理赔程序（见《原则》第1.1项），这里的机动车也包括非肇事车辆以及外国车辆。涉及20至49辆机动车，除非有特殊情况，一般不适用共同理赔程序（见《原则》第1.2项）。若事故结构极其复杂，则满足“特殊情况”，可以适用共同理赔程序。

具体案件中，由联合会内部所谓的“决策委员会”（见《原则》第2.1项）来决定是否适用共同理赔程序。共同理赔程序一经适用，将委托一个或几个保险公司处理整个事故的保险理赔（见《原则》第3.1项）。《原则》第4.2项做出了以下规定：“在现行的责任义务体系内按照事故的实际情况和法律规定，对受害者的损害进行赔偿。”乍看这样的表述，我们不免会有这样的忧虑：在大规模事故中，几乎任何一个参与者都不同程度地引起了其他参与者的损害事实，所以在对每个受害者的损害进行理赔时都要考虑到“共同侵权”的问题；如果有“与有过错”的情况，则还要考虑到减轻赔偿义务人的责任。[35] 但

〔35〕 Deichl，（见脚注4），S. 50.

是另一方面来看，这也使所有参与人连带对受害人负赔偿义务，这显然是有利于受害人的。此外，《原则》中也没有任何一个精神损害赔偿被排除的条款。原则上不论单个请求权以及全部支付的费用数额有多少，共同理赔程序处理受害人所有的请求权。《原则》没有规定一个类似于《协议》的最高赔偿限额。外国人的赔偿请求和自己担负保险责任者机动车车主及占有人的请求权也包括在内。受委托的保险公司为此支付的费用由与事故相关的所有保险公司分担，份额按照事故中由其承保的机动车的数量来确定。

尽管《原则》第4.2项做出了明确规定，共同理赔程序要“有利于受害人利益”来进行，然而，共同理赔程序并没有为受害人设定向保险公司提起的适用特别理赔程序的请求权。《原则》只调整保险公司之间的法律关系。保险公司很谨慎地把事故处理、理赔程序中的主导地位保留在自己这一边，受害人不得强制要求适用共同理赔程序。从受害人角度来看，如果保险公司可以也愿意做出突破，使保险合同成为“真正利他合同”，才是更有力的保护。

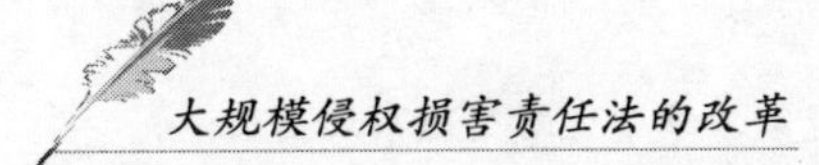

第五节　是否需要在制定法上做出规定

在大规模事故领域，立法者将大规模事故的共同理赔原则以制定法的形式规定下来，我个人认为是没有必要的。除非事实表明，目前由保险业自主建立起来的保险实践，对建立原则上有利于受害者的理赔程序不利。而手头并没有这方面的事实依据。仅从大规模道路交通事故的角度来考虑而重新修改《德国民法典》第 830 条第 1 款第 2 句规定的意见，我认为也不妥，应该排除。因为这个条款是针对整个民事责任法领域的规定，是否有修改的必要，尚有待于我们对道路交通事故以外的法律领域中大规模侵权作探讨和研究；而即使结果表明有这个必要性，但是是否达到了需要对《民法典》的规定做出改动的程度，也值得商榷。相反，在《德国道路交通法》内部做出一个特殊法上的规定，我认为倒是比较合理的方案（见下文）。在德国责任法领域，受害人不享有精神损害赔偿请求权，以及最高赔偿限额设定这两点，尽管一直颇受非议，但这并不是大规模事故中才存在的特殊法律问题。它也仅仅是为最终考虑法律的修改提供了另一个有力的支撑点。除此之外，针对这两点对《道路交通法》做出相应的修改，并未触动到大规模事故中最核心的问题，也即事故发生过程的事实情况无法查明的问题。

另一种观点是将《德国强制机动车责任保险法》（Pflichtversicherungsgesetz，PflVersG）第 12 条中道路交通事故社会救助基金会的参与义务普遍地扩张到大规模侵权中，这也意味着，将交通事故受害者救助基金会的职能普遍扩展到各个领域的大规模侵权。这样的看法我并不能赞同。因为《德国强制机动车责任保险法》第 12 条中的参与义务以满足责任构成要件为前提。交通事故受害者救助基金会并不是一个可以用来处理大规模道路交通事故中所有特殊问题的机构。

如果非要把大规模事故这个问题在制定法中落实下来，我的意见是，在《道路交通法》内部做出一个特殊法上的规定：第一，对“大规模事故”本身做出概念界定（举例来说，涉及 50 辆以上机动车的事故）；第二，专门针对目前德国联邦最高法院排除适

用《德国民法典》第830条第1款第2句的情况做出规定，这里主要指的是：当受害者自身对造成损害结果是否也有过错的问题无法查明的情况下，或无法查明的范围内，第830条第1款第2句排除适用的案例。依照新的规定，仅损害赔偿请求权的相对人在可以事实上提出相应的证明推翻的情况下，《德国民法典》第830条第1款第2句的规定才能被排除适用。损害赔偿请求权的相对人负有举证责任。然而，这样的规定虽然改善了受害人的法律地位，但另一方面反而可能会导致其自身所需承担的责任增加。尽管如此，我认为在强制机动车责任保险体系内，做出这样的规定还是可行的。这并不会给承保机动车交通事故责任险的保险公司带来额外的负担，因为《德国道路交通法》中这一规定只是将大规模事故的共同理赔原则用制定法的形式确定下来，保险行业的实践中一直是这样处理的。依我个人的观点，更具说服力也更简便的模式，可能还是德国的立法者借鉴在实践中已取得良好成效的《意大利民法典》（Codice civile）的规定：

《意大利民法典》第2054条第2款：机动车相撞的情况下，除非出现相反的证据证明，否则推定各方司机对各自车辆造成的损害共同负有同样的责任。

这一规定适用简便，并且不限于大规模事故的情况，因而博得广泛好评。如果这一规定得以被借鉴到《德国道路交通法》中，必须明确的还有以下几点：首先这个规定应该不仅涵盖车主应负的严格责任，也应该包括司机的过错责任（过错或者推定过错），这样车主和司机才得以从现行法的规定中举证免责。第二，必须明确连带债务人不仅仅为自身也受到财产损害和人身伤害的机动车司机，还应该包括事故涉及的所有人，只是对于“事故涉及”的范围确定上，还需要寻求合理的界分标准。第三，明确《德国道路交通法》第 12 条中的责任限额适用于单个赔偿责任人，这样因为参与人数量和条款中规定的（太低的）责任限额相乘，才是受害人（至少）可以得到的损害赔偿总额。

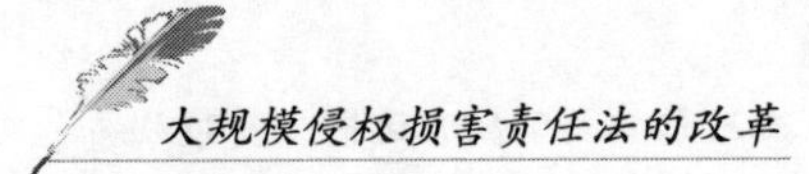

第三章　大型载客运输工具事故

大型载客运输工具事故完全不同于大量机动车参与的道路交通事故。事故中受到伤害的只是旅客自身（爱沙尼亚号轮船的沉没），还是除此之外，事故中还涉及第三人（以色列航空公司的飞机在阿姆斯特丹白莫地区坠毁），这两种情况在这类侵权中区别不大。事故中涉及受害者人数众多的情形，也不会加重举证困难。不考虑制造者责任，赔偿请求权的相对人只有承运人一方。因而在这个领域有待解决的问题，总的说来与一般侵权法面临的问题一样，不具特殊性，也即最高责任限额和危险责任中排除精神损害赔偿请求权的问题。此外，铁路、航空器和轮船的大规模事故的焦点主要集中在程序法中，部分也涉及国际私法。程序法的问题我们在“大规模诉讼程序”章节中还要进一步讨论，本章只涉及对现行实体法规定的一般看法。

第一节　铁路事故

德国（更准确地说，应该是普鲁士时期）现代意义的危险责任起源于160多年前的铁路事故。依照现行法的规定，这类事故的请求权基础是《德国损害赔偿法》（Haftpflichtgesetz，HaftPflG）第1条第1款。在轨道列车、悬浮列车行车过程中造成人员伤亡、物件损坏的，由铁路运营商负赔偿责任。责任人的确定以事实上的支配力以及是否对自己行为负责为标准，这一点不同于《德国道路交通法》第7条中的规定，机动车车主的责任并不依所持有的车辆为准——这里指火车，而是依对铁路运营的企业的所有和事实上的支配力为准，因为责任主体是铁路运营商。这会对构成责任的特殊危险所涵盖的具体范围产生影响。《德国道路交通法》第7条仅限于来自机动车本身的危险，而《德国损害赔偿法》第1条中的责任也包括由于在火车站台等场地由于人群拥挤等造成的危险而引

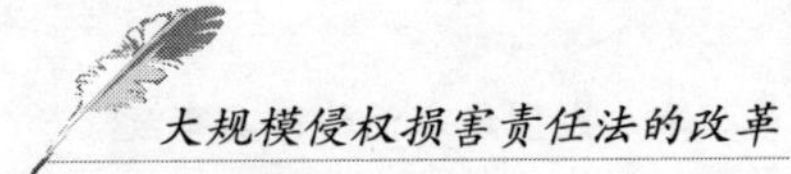

起的责任，举例来说，在上下列车时的危险。[36]

《德国损害赔偿法》第 1 条规定了主权行为和不可抗力事件中的责任免除；此外，对赔偿数额也设定了最高限额。《德国损害赔偿法》第 9 条规定了该法第 8 条第 1 款中的情况，对人的伤亡的赔偿，分期支付定期金最高限额为每年 30000 马克；该法第 10 条第 1 款规定，物的损坏，即使同一事件造成多个物件的损坏，赔偿额也以 10000 马克为限。受害人不得依该法提起精神损害赔偿请求。此外，这类请求权当然还需满足普通民法上对侵权规定的构成要件（见该法第 12 条）。最后，人身伤害的赔偿义务属于强行法，当事人不得对其进行限制或排除（见该法第 7 条）。

需要注意的是，特殊的责任法规范还包括《德国商法典》（Handelsgesetzbuch，HGB）第 454 条和《德国铁路交通法规》（Eisenbahn-Verkehrsordnung，EVO）。[37]

国际运输适用 1980 年 5 月 9 日的《国际铁路运

〔36〕 Larenz，Karl/ Canaris，Claus-Wilhelm，Lehrbuch des Schuldrechts，Band 2，Halbband 2，13. Auflage，München 1994，§84 III2 b und c.

〔37〕 RGBl. II，S. 633.

输公约》(COTIF)〔38〕以及它的两个附件,《铁路客运和行李运输国际公约》(CIV)〔39〕和《国际铁路货物运输公约》(CIM)〔40〕。《铁路客运和行李运输国际公约》第46条第1款和《国际铁路货物运输公约》第51条第1款以同样的条文规定了免责和责任限制的事由延伸到依其他法律基础提起的请求权,避免了侵权法和合同法责任的竞合时可能会出现的问题。

第二节　航空器事故

《德国航空法》(Luftverkehrsgesetz, LuftVG)第33条规定:在航空器飞行过程中发生的人身伤亡,物品毁损,承运人应负损害赔偿责任。该法第1条第2款定义了"航空器"的概念;承运人的确定也是以事

〔38〕 Convention relative aux transports internationaux ferroviaires, BGBl. 1985 II, S. 130.

〔39〕《铁路客运和行李运输国际公约》, Internationales Übereinkommen vom 7.2.1970 über den Eisenbahn-Personen und- Gepäckverkehr, BGBl. 1974 II, S. 359.

〔40〕《国际铁路货物运输公约》, Internationales Übereinkommen vom 7.2.1970 über den Eisenbahnfrachtverkehr, BGBl. 1974 II, S. 381.

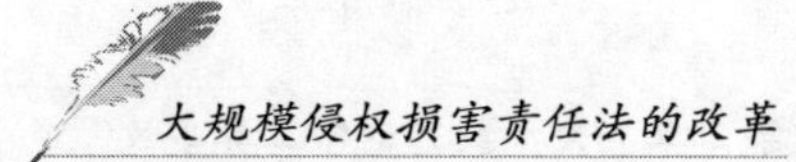

实上的支配力以及是否对自己行为负责为标准。〔41〕值得注意的是，该法第33条并没有把涉及国家主权行为的情形作为责任免除的事由。损害赔偿责任的构成要件是：特殊的危险在航空器飞行过程中实现。〔42〕该法第33条规定的危险责任受到第37条最高赔偿数额的限制。但是就如《德国航空法》第33条官方文本的标题（对旅客以外的第三人造成的人身、健康伤害以及物件毁损的责任），关于赔偿限额的规定并不适用于在事故发生时身处航空器上的人，无论其是否与承运人有客运合同关系，而只适用于旅客之外的第三人。〔43〕《德国航空法》第33条并没有赋予受害人精神损害赔偿请求权［不同于《德国军用航空器法》(LuftVG für militärische Luftfahrzeuge) 第53条第3款的规定］，但是它也并不排除当事人依据其他规定主张该权利（《德国航空法》第42条）。

---

〔41〕 Hofmann，Max/ Grabherr，Edwin，Luftverkehrsgesetz，2. Auflage，München，Stand：Februar 1997（§§1－10）/ Oktober 1994（§§ 11－Ende），§33，Rn. 11.

〔42〕 Hofmann/ Grabherr，（见脚注41），§33，Rn. 9.

〔43〕 Hofmann/ Grabherr，（见脚注41），§33，Rn. 5；Larenz/ Canaris，（见脚注36），§84 III 3 c.

《德国航空法》第44条专门规定了对旅客的法律保护。承运人要依照该条款的规定对旅客的人身和财产损害负责任。“航空运输的承运人”是指，以自己的名义，对旅客、托运行李和旅客随身携带的物品以航空的方式进行运输者。〔44〕不同于第33条的规定，第44条规定的是承运人过错推定责任（《德国航空法》第45条）。对赔偿责任的限额没有作区别规定（《德国航空法》第46条）。《德国航空法》第44条同样没有赋予旅客精神损害赔偿请求权。同时，该法第48条第1款第2句也规定，这并不排除旅客依据其他法律主张精神损害赔偿，前提是损害事实是由于承运人或者其受雇人在履行职责过程中，故意或者严重过失所引起的。

要注意的是，依据《德国航空法》第51条的规

〔44〕 Hofmann/ Grabherr，（见脚注41），§44，Rn. 12.

定，国际航空运输适用《华沙公约》[45]以及为实施《华沙公约》而颁布的法律[46]，《海牙议定书》[47]以及《统一非缔约承运人所办航空运输某些规则以补充华沙公约》（《瓜达拉哈拉公约》）[48]。《华沙公约》调整的是承运人对旅客的责任。《华沙公约》第1条第2款就在“适用范围”项下定义了“国际运输”的概念。第17条以及之后的条款分别规定了承运人

---

〔45〕 Abkommen vom 12. 10. 1929 zur Vereinheitlichung von Regeln über die Beförderung im internationalen Luftverkehr（Erstes Abkommen zur Vereinheitlichung des Luftprivatrechts）1929年10月12日《统一国际航空运输某些规则的公约》（第一个统一国际航空法私法领域的国际条约），LNTS 137，S. 11，GRBl. 1933 II，S. 1039；参见 Hübsch，Michael，Die Bedeutung des Warschauer Abkommens für die deliktische Haftung des Luftfrachtführers bei Personen-und Sachschäden，in：TranspR 1996，S. 367 -375.

〔46〕 Gesetz zur Durchführung des Erstes Abkommen zur Vereinheitlichung des Luftprivatrechts《关于实施第一个统一国际航空法私法领域的国际条约的法律》，见《联邦法律公报》公布时调整后的版本第三部分，结构编号96 -2。

〔47〕 Haager Protokoll vom 28. 9. 1955 zur Änderung des Warschauer Abkommens vom 12. 10. 1929，1955年9月28日《关于修改1929年10月12日华沙条约的海牙议定书》，UNTS 478，S. 371；BGBl，1958 II，S. 292.

〔48〕 Zusatzabkommen vom 18. 9. 1961 zum Warschauer Abkommen zur Vereinheitlichung von Regel über die von einem anderen als dem vertraglichen Luftfrachtführer ausgeführte Beförderung im internationalen Luftverkehr. 1961年9月18日《非统一缔约承运人所办航空运输某些规则以补充华沙公约》，UNTS 500，S. 31；BGBl. 1963 II，S. 1160.

对旅客在事故中的人身伤害和物品毁损灭失的过错推定责任（《华沙公约》第20条），以及对旅客、行李或货物在航空运输过程中因延误而造成的损失[49]（《华沙公约》第19条）的过错推定责任。《公约》对承运人的责任的规定具有对承运人单方的强行法效力（《华沙公约》第23条）。如果承运人对损失的发生既无故意，又无过失，则在赔偿数额上公约规定了限额（《华沙公约》第25条）。如果承运人证明损失的发生是由于受害人的过失所引起或助成，法院可以免除或减轻承运人的责任（《华沙公约》第21条）。如果在1998年10月欧盟委员会于1997年10月9日制定的《欧盟关于航空事故责任的2027/97号条例》可以通过生效，那么在欧盟范围内，《华沙公约》中许多不合时宜的规定将被更新，最主要还是涉及承运人赔偿责任限额的取消。

---

〔49〕《华沙条约》中使用的“损失”的概念的进一步解释见：BGH 22. 4. 1982，BGHZ 84，S. 101.

第三节 轮船事故

国内法部分海商法由《德国商法典》第五卷作了大篇幅的规定。《德国商法典》第 664 条第 1 款以及《1974 年海上旅客及其行李运输的雅典公约》[50]规定了承运人对旅客的人身伤害和物件损坏的过错责任。《公约》也设定了承运人赔偿的责任限额。国内海上运输适用《德国内河航运法》（Binnenschiffahrtsgesetz，BinSchG）第 77 条第 1 款，该条款参引到《德国商法典》第 664 条第 1 款的规定。

《德国内河航运法》制定于上个世纪，其中关于责任限额的规定早已经过时，它并不是采用目前通行的总额限制标准，而是还采用结合轮船和货物毁损（物法上）的责任原则。解决方法之一是采用于 1988 年 11 月 4 日签订，但目前尚未生效的《斯特拉斯堡公约》（Straßburger Übereinkommens vom 4.11.1988

〔50〕 Anlage zum Gesetz，abgedruckt bei Herber，Rolf（Hrsg.），Transportgesetze，München 1992，S. 470ff.

über die Beschränkung der Haftung in der Binnenschiffahrt，CLNI)[51]中关于责任限制的规定。与《铁路客运和行李运输国际公约》（CIV）第46条第1款和《国际铁路货物运输公约》（CIM）第51条第1款一样，《斯特拉斯堡公约》规定了将责任限制“无论其法律基础”地涵盖所有请求权。[52]

第四节　是否存在法律修改的必要性

在我看来，大型载客运输工具事故领域并不存在特殊法律问题，特殊到需要考虑对现行法做出修改。除以上已经提及的关于对《斯特拉斯堡公约》批准生效问题之外，我认为最主要的还是德国立法者对危险责任总体上的态度问题。问题症结在于对人身伤害的最高赔偿限额的设定，包括在我看来非常不合理的责任范围的设定以及精神损害赔偿方面的问题。举例来说，如果某人在火车进站时被拥挤的人群推入了列车

〔51〕 条约的德文版本见：TranspR 1989，S. 36ff.

〔52〕 见《斯特拉斯堡公约》第2条第1款。

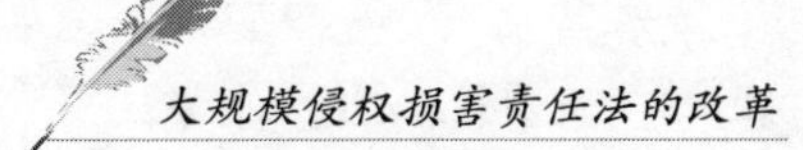

轨道，在事故中失去了双腿，按照现行法，如果受害人也不符合其他可以请求精神损害赔偿的法律基础的构成要件，那么仅仅依据大型载客运输工具事故这一危险责任，他将得不到任何精神损害赔偿。有观点认为，这样的规定符合保护人的身体的完整性这一宪法上的价值判断，但在我看来，将此作为受害人在危险责任案件中得不到任何精神损害赔偿的论据，是站不住脚的。我们所谓的“危险责任”是建立在社会福利思想上的一个体系，它的界限不清，因而也容易被人恣意划定。德国法应该从这一谬误中挣脱出来。归责原则上主张过错责任和危险责任两分法的观念也应该被打破。事实上，这两个原则之间非但不存在一条明显的界限，并且它们都得以在“注意义务违反”这个体系内构成责任。这个体系依照的是客观过失的概念（objektiver Fahrlässigkeitsbegtiff），不问过错（verschuldensunabhängig）。我担心的是，恐怕只有在需要起草一部欧盟层面的责任法的时候，德国迫于来自其他 15 个成员国的法律专家的法律思维和技术的较量，才会对自己的侵权法作一个全面缜密的审视。而在考虑欧盟法律政策时，在严格责任领域不赋予当事人精神损害赔偿请求权的规定，首当其冲就应该被删去。

第四章 环境事故

第一节 案 例

灾难性的环境事故频频发生，尤其是在过去的20年中更是屡见不鲜。1976年7月10日，在意大利北部靠近塞韦索的梅达市发生了一起极其严重的环境污染事故。[53]从一家化工厂泄漏出剧毒二氧芑气体云团，化学药品扩散到周围地区。这起因化学反应器失灵而引起的事故，造成了极其严重的后果。约700名附近居民被紧急遣散，周围的从事农业经营的企业关闭，被迫屠宰牲畜。这起事故对居民身体上的伤害，首先表现为幼儿皮肤过敏。对受到有毒气体侵害的附近居民身体上后续的影响和副作用也不容低估。这主要表现为对人体免疫系统的破坏，患癌症的几率明显

---

〔53〕 案件事实的细节见：Corte d' Appello Milano 15. 4. 1994，Resp. Civ. E Prev. 1995，S. 136ff. 上诉法院的判决见：Cass. 20. 6. 1997，n. 5530，Giust. Civ. Mass. 1997 S. 1019. 为此，当时欧共体通过了“塞韦索指令”，即1982年6月24日当时欧共体理事会通过的82/501/EWG号《工业经营中严重事故危害指令》，in：Amtsblatt der EG vom 5. 8. 1982 Nr. L230/1，通过91/692/EWG号指令对其进行了最后一次修改，见in：Amtsblatt der EG vom 31. 12. 1991 Nr. L 377 – 48. 1997年2月初欧盟理事会又通过了新的“塞韦索指令”，（即96/82/WG号《有害物质引发严重事故危害控制指令》，in：Amtsblatt der EG vom 14. 1. 1997 Nr. L 10/13）。该指令必须在2年内，按照欧盟委员会1994年4月14日提起的制定《预防有害物质引发严重事故危害指令》（in：Amtsblatt der EG vom 14. 4. 1994 Nr. C 120/20）的提议，以国内法形式进行转化；欧盟理事会于1996年3月19日达成的一致意见in：Amtsblatt der EG vom 24. 4. 1996 Nr. C 120/20，以及欧盟理事会就此达成的一致意见做出的决议，in：Amtsblatt der EG vom 9. 9. 1996 Nr. C 261/24. 其他的文献材料见：Rebentisch，Manfred，Auswirkungen der neuen “Seveso-Richtlinie” auf das deutsche Anlagensicherheitsrecht，in：NVwZ 1997，S. 6 – 11.

上升，男性丧失生育能力等。卫生部门建议妇女堕胎。塞韦索地区与一个专门医院签署协议，在接下来的15年里，为该地区居民定期进行健康检查。

1984年12月印度博帕尔毒气泄漏事故〔54〕，约3300人死于这场污染事故，200000人受伤。1989年2月，印度政府与作为博帕尔农药厂的最大股东，即其母公司的美国联合碳化物公司签署庭外和解协议，共计赔偿额4700万美元。赔偿程序历经数年之久，是否最终完成，我们不得而知。

对1986年发生在前苏联切尔诺贝利核电站事故和同年发生在瑞士巴塞尔市的桑多兹化工厂事故，人们记忆犹新。在切尔诺贝利核电站事故中，周边很大范围内都受到放射性物质污染，因事故直接或间接伤亡的人数难以估算，并且事故后的长期影响到目前为止仍是个未知数。位于瑞士巴塞尔市附近的桑多兹化学公司的一个化学品仓库发生火灾，引发了另一场灾

〔54〕 美国法院对此事故的判决见：In re Union Carbide Corporation Gas Plant Disastert Bhopal，India in December 1984，809 F. 2d 195 - 206（and Cir. 1987）und Bi v. Union Carbide Chemicals and Plastics Inc，984 F. 2d 582 - 586（and Cir. 1993）.

难性的事故。事故中，大量的有毒物质随着灭火用水流入下水道，排入莱茵河。这次污染造成大范围内几乎全部鱼类死亡，使莱茵河的生态受到了严重的持续性的破坏。此外，还有大规模的海洋污染事故，马上联想到的主要有：发生在 1967 年的英国海域内的石油污染事件“托雷·坎尼荣号”（Tanker Torrey Canyon）事故，1978 年发生在英吉利海峡的超级油轮“阿莫卡·卡迪兹号”（Amoco Cadiz）〔55〕溢油事故以及 1989 年在美国阿拉斯加州威廉王子海峡发生的“埃克森·瓦尔迪兹号”（Exxon Valdez）油轮溢油事故〔56〕。在德国，环境侵权领域标志性的案例是 1984 年由德国联邦最高法院判决的“化铁炉案”（Kupolofenfall）〔57〕，原告是机动车所有人，被告经营一座对生铁和粗钢熔炼的化铁炉，原告声称他的汽车油漆由于被告的化铁炉排放的尘埃而受损，因此要求被告赔偿损失。

---

〔55〕 Näher Pfnnigstorf, Werner, Der Fall, Amoco Cadiz, in: VersR 1989, S. 880 – 882.

〔56〕 Näher Rest, Alfred/ Leinemann, Ralf, Die Umweltkatastrophe vor Alaska, in: VersR 1989, S. 653 – 664.

〔57〕 BGH 18. 9. 1984, BGHZ 92, S. 143. ff.

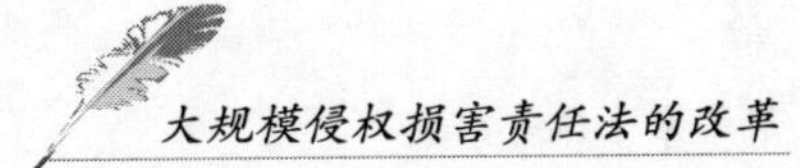

第二节 现行法规定

依照德国现行法的规定，环境侵权法是指调整对由于环境侵害所造成的损害进行民法上赔偿的所有法律规范的总和。[58]《环境责任法》第3条第1款对“环境侵权”的概念做出了规定：所谓“环境侵权”，是指由于物质、震动、气味、压力、光线、气、汽、热以及其他现象所导致的环境干涉和影响扩散到土壤、大气和水域中，所引起的损害结果。德国的环境侵权法至今尚未编撰法典化，而表现为一个由许多一般民事法规范和特别法规范组成的集合体。换言之，环境侵权作为一个集合性名词，并不是理论体系上的一种分类，而是对现实生活关系中各式各样的环境污染与生态破坏导致的权益侵害的总称。而这些现实生

〔58〕 Ebenso der Bericht Umwelthaftungsrecht der Interministeriellen Arbeitsgruppe Umwelthaftungs-und Umweltstrafrecht, 1988, S. 5; Feess-Dörr, Eberhard/ Prätorius, Gerhard/ Steger, Ulrich, Umwelthaftungsrecht, 2. Auflage, Wiebaden 1992, S. 27; Raeschke-Kessler, Hilmar/ Hamm, Rainer/ Grüter, Karl, Aktuelle Rechtsfragen und Rechtsprechung zum Umwelthaftungsrecht der Unternehmen, 2. Auflage, Köln 1990, S. 3.

活关系因为各自处于完全不同的法律规范领域，因而“环境侵权”这个概念在不同的法律规范领域存在着冲突的可能性。〔59〕

一、国内法中的责任认定基础

1.《德国民法典》第823条第1款的规定

《德国民法典》第823条第1款规定“有过错地不法侵害他人的生命、身体、健康、自由、所有权或其他权利的行为”构成侵权责任。环境侵权的特殊性仅在于损害结果的引起是通过“环境”这一介质。〔60〕在“注意义务”的范畴内，是否对“外在”的注意与“内心”的注意进行区分，是否只有在两者同时具备的情况下才能够认定过错存在尚有争议。“外在”的注意指适当的行为，不适当的行为即为违反了注意义务。“内心”的注意是指对注意之要求的主观认知和避免违反这种要求的主观意识。考虑到这种区分目前尚存质疑，如果我们先不讨论这个区分和要件，只

〔59〕 V. Bar, Christian, Zur Dogmatik des zivilrechtlichen Ausgleichs von Umweltschäden, in: Abwehr und Ausgleich für Umweltbelastungen, Karlsruher Forum 1987, S. 4－18, 4.

〔60〕 Hager, Günter, Das neue Umwelthaftungsgesetz, in: NJW 1991, S. 134－143, 135.

依照一般的举证责任原则，则受害人必须依照第823条第1款的规定，对所主张权利的所有构成要件负举证责任。而在环境事故中，受害人对生产设备、工艺流程与生产原理缺乏了解，因而常常陷入举证困难。针对这个问题，德国联邦最高法院已经在上面章节中已提到的“化铁炉案”中表明态度，做出了应对。〔61〕尽管联邦最高法院在排放行为和法益损害之间的因果关系的证明责任减轻这个问题上没有给出明确的答案，但同时法院至少指明了：当依据行政法规的规定，确认排放或者不可量物侵害值超标时，可以考虑对这一证明责任的减轻，〔62〕在某些具体案例中甚至可以考虑举证责任倒置，〔63〕甚至还可以考虑适用《德国民事诉讼法》第287条的规定。〔64〕而在此之前，德国下萨克森州高级法院援引“表见证明”的做

〔61〕 BGH，(见脚注57)，S. 143.

〔62〕 BGH，(见脚注57)，S. 147，unter Verweis auf BGH 16. 12. 1977，BGHZ 70，S. 102，107.

〔63〕 BGH，(见脚注57)，S. 147，援引：BGH 25. 1. 1983，VersR 1983，S. 441，442；也参见：BGH 17. 6. 1997，NJW 1997，S. 2748.

〔64〕 BGH，(见脚注57)，S. 147，援引：BGH 13. 2. 1976，BGHZ 66，S. 70，75ff.

法[65]，在我看来未必是最可行的解决方案。德国联邦最高法院在“化铁炉案”中否定了其在《德国民法典》第906条和产品责任案例中发展起来关于证明“违法性”和“过错”的一般举证责任分配原则。联邦最高法院认为：在排放有害物质的案件中，证明《德国民法典》第823条中的行为“违法性”要件时，起决定作用的是《德国民法典》第906条的规定。[66]相邻土地的所有权人只需要证明其所有权受到妨碍，并且这种妨碍在他所在的相邻关系以外的一个物之所有人看来，也是具有实质性意义的即可。[67]如果确认构成重大妨碍，则排放者有义务举证证明，由于土地本身造成的这一重大妨碍，在符合当地通常的使用，且采取了经济上对于这类使用人可合理期待的阻止措施，以防止对相邻土地所有人以及其他所有人的所有权妨碍的情况下仍然会产生。[68]受害人无须证明，排

〔65〕 Vgl. OLG Celle 21. 9. 1979，VersR 1981，S. 66f.

〔66〕 BGH，（见脚注57），S. 148；在此之前的判决：BGH 13. 7. 1965，BGHZ 44，S. 130，134；BGH 2. 3. 1984，BGHZ 90，S. 255，258；RGRK/Steffen，BGB，Band II，5. Teil，12. Auflage，Berlin，New York 1989，§823，Rn. 17.

〔67〕 BGH，（见脚注57），S. 149.

〔68〕 BGH，（见脚注57），S. 147 - 150，类似案例：BGH 4. 12. 1970，WM 1971，S. 278，280 也证明了此观点。

放人的行为违反了法律上的义务，而相反是由土地所有人来证明已经采取了可合理期待的阻止措施，以防止对相邻土地所有人以及其他所有人的所有权妨碍。对这种反向证明，法院不宜设定过高门槛。〔69〕举例来说，土地所有人只需证明排放值符合《德国洁净空气法案》（TA-Luft）的标准。〔70〕

依据《德国民法典》第 823 条第 1 款来追究环境侵权责任时，非常重要的判断标准是由法院通过判例发展起来的“安全注意义务”〔71〕和“危险控制原则”。“化铁炉案”就是一个经典案例，因为法院并没有固守补充性的行政法规对过失分析的限制性规定。排放人的“安全注意义务”包括，将排放值控制在无害的范围内。〔72〕但是排放值符合《德国洁净空气法案》的标准并不排除排放人存在过失。因为《德国洁净空气法》作为行政法规，只提供一般的标准值，并

〔69〕 BGH，（见脚注 57），S. 151.

〔70〕 BGH，（见脚注 57），S. 152.

〔71〕 Näherer v. Bar，（见脚注 59），S. 12 und Marburger，Peter，Ausbau des Individualschutzes gegen Umweltbelastungen als Aufgabe des bürgerlichen und des öffentlichen Rechts，gutachten C für den 56. Deutschen Juristentag，Band 1，Berlin 1986，S. C 9 – C 125，C 121.

〔72〕 BGH，（见脚注 57），S. 151.

不能绝对地排除行为人的过失。[73]这个观点同时也符合欧盟标准，我个人觉得非常值得赞同和肯定。换言之，在环境侵权领域，《德国民法典》第276条将一如既往地充当判断行为人过错的依据。对《德国民法典》第823条第1款中所列举的权利和法益给予侵权法上的保护也一如既往地以行为违法性和排放行为（环境干涉和影响）与损害结果之间的因果关系为前提。这恰恰也是实践中《德国民法典》第823条第1款常常不被援引的原因。[74]

2.《德国民法典》第823条第2款的规定

《德国民法典》第823条第2款的规定以“违反以保护他人为目的的法律”为构成要件。这里所指的保护性法律的目的中必须包含对个体利益的保护，内容中也要对就何种方式损害到个人利益给予保护作进一步规定。不依赖于个人利益损害的环境侵权类型就被排除在第823条第2款的适用范围之外。与环境侵

〔73〕 BGH，（见脚注57），S. 152.

〔74〕 BT-Drucks. 11/7104，S. 14，insbesondere untere III；vgl. ferner Boecken，Winfried，Umwelthaftungsgesetz：zeitlicher Anwendungsbereich und Beweislast für Altlast（§23），VersR 1991，S. 962－966，962.

权相关的“保护性法律”主要有《德国水利法》(Wasserhaushaltsgesetz，WHG)、《德国联邦排放控制法》(Bundes-Immissongsschutzgesetz，BImSchG)、《德国核能法》(Atomgesetz，AtomG)以及在《建筑法》、《设备法》、《工商业保护法》、《文物保护法》、《自然保护法》(Gesetze des Bau-，Anlagen-，Gewerbe-，Denkmal- und Naturschutzrechtes)上的大量规定。

3. 《德国水利法》(Wasserhaushaltsgesetz，WHG)第22条的规定

《德国水利法》第22条对导致水质污染的行为规定了危险责任。第1款中规定了“水污染”指的是在水域中带入或引入某些物质的行为以及由此对水质造成的影响，设定的是一个无论危险来源的行为责任。第2款中规定的是进入水域内使水质发生改变的物质来源的设备所有人责任。《德国水利法》上的危险责任既没有设定赔偿限额，又不以权利或法益的损害作为责任的构成要件，并且将纯粹经济损失也包括在

内。〔75〕只是如同其他危险责任一样，《德国水利法》也没有赋予受害人精神损害赔偿请求权。

《德国水利法》第 22 条第 1 款第 2 句规定了共同侵权的情况，即当数个不同作用力共同地影响了水质的情形。依照第 22 条第 1 款第 2 句，设备责任也准用此规定。与《德国民法典》第 823 条第 1 款类似，在此受害人也无须对单个侵权事实分别举证证明因果关系。但是联邦最高法院同时也指出〔76〕：要构成共同侵权，至少各个侵权必须在性质上，以及根据当时的情况来看，可以引起损害结果。类似于法院在适用《德国民法典》第 830 条第 1 款第 2 句的规定时发展起来的原则〔77〕，在水污染侵权案件中，责任也会按照造成危险的作用力和损害结果之间时间和空间上的联系来进行分配。〔78〕

4.《德国核能法》（Atomgesetz，AtomG）第 25 条以及其后续条款的规定

〔75〕相同观点参见：Larenz，Karl/ Canaris，Claus-Wilhelm，Lehrbuch des Schuldrechts，Band II，Halb band 2，Besonderer Teil，13. Auflage，München 1994，§83 V 1.

〔76〕BGH 22. 11. 1971，BGHZ 57，S. 257，261ff.

〔77〕BGH 15. 12. 1970，BGHZ 55，S. 86，92f.

〔78〕BGH，（见脚注 76），S. 264.

从《德国核能法》第25条以及其后续条款的规定来看，核能设备和核动力船的运营者所负的侵权法上的责任也属于危险责任。该法第25条第1款第1句规定了核能设备的运营者责任适用《关于核能领域第三方责任的巴黎公约》（Haftung für Kernanlagen die Bestimmungen des Pariser Atomhaftungsübereinkommens，PÜ，以下称《巴黎公约》）[79]，第25条第1款第2句规定了《核动力船舶经营人责任布鲁塞尔公约》（Haftung für Reaktorschiffe des Brüsseler Reaktorschiff-Übereinkommen，BRÜ，以下称《布鲁塞尔公约》）[80]。国际公约中没有规定的，则依照国内法《德国核能法》来确定侵权责任。核能事故的损害结果往往是跨国界的，这些公约的产生，也说明各国进一步认识到这样一个全世界范围的责任体制需要全球合作来建立，以促进核安全水平的提高。《德国核能法》第25条第1款第1句以及

---

〔79〕 见1985年7月15日公布的版本中1960年7月29日的《关于核能领域第三方责任的巴黎公约》以及1963年的《核能领域第三方责任布鲁塞尔补充公约》（简称《布鲁塞尔补充公约》），in：BGBl. 1985 II，S. 963.

〔80〕《核动力船舶经营人责任布鲁塞尔公约》及其补充议定书，in：BGBl. 1975 II，S. 977.

第25条第1款第2句均对《巴黎公约》和《布鲁塞尔公约》不受制于德国在国际法上的义务而在国内直接适用做出了规定。《巴黎公约》第5条以及《布鲁塞尔公约》第2条第2款的规定将核能设备和核动力船的事故责任的请求权集中到运营者身上，这是德国其他领域的法律中从未出现的，这样的规定有利于欧盟范围内法律的统一。这两条规定切断了受害人向其他责任人请求损害赔偿的途径，无论请求权基础，尤其是侵权法上的责任，不得对运营者以外的侵权人提起责任法上的请求权，而只能向设备运营者提起。此规定的目的在于简化赔付程序，也促使保险公司更愿意将这方面事故纳入其承保范围。[81]《德国核能法》第29条第2款就精神损害赔偿做出了规定，因而无需再援引《德国民法典》第823、847条的规定。请求权以过错为构成要件，但不以设备运营者过错为限。[82]《巴黎公约》第1条以及《德国核能法》附件

〔81〕 Staudinger/ Kohler, BGB, 13. Auflage, Berlin 1996, §§25 – 26 AtomG, Rn. 5; BT-Drucks. 7/2183, S. 14; Larenz/ Canaris,（见脚注75）§84 IV 2a.

〔82〕 Staudinger/ Kohler,（见脚注81）§§25 – 26 AtomG, Rn. 33.

一都把核事故的发生作为构成《德国核能法》第25条上的责任的首要前提，这一点不仅在《巴黎公约》）（第1条［a］［i］）做出了规定，而且在《德国核能法》的附件一中也作了具体的说明。设定的是一个无论事故原因的责任，也就是说，国家责任也不能被排除在外。[83]《德国核能法》第25条第3款第1句规定了《巴黎公约》第9条上的免责事由在德国排除适用，这些免责事由包括：直接由武装冲突、敌对行动、内战或暴乱等行为以及直接由异常性质的严重自然灾害引起的核事件所造成的核损害。

除个别法律明确规定的例外之外，《德国核能法》上的危险责任适用范围是相当大的（见该法第31条第1款第1句）。侵害人必须就《巴黎公约》第3条所列举的危险负赔偿责任，其中具体包括了由于核事故造成的身体和生命权的侵害、财产侵害以及财产价值减损。通说认为，在《巴黎公约》第3条（a）（ii）项中所使用的“财产”概念，包括所有权和《德国民法典》第823条第1款中规定的其他权利，

〔83〕 Larenz/ Canaris，（见脚注75） § 84 IV 2a.

但纯粹经济损失不包括在内。[84]

为了保护潜在的受害人，《德国核能法》第 7 条第 2 款第 4 项和第 13 项设定了“赔偿准备金”义务，即从事核能设备的企业在开业之初，必须将一定金额存入银行，作为损害发生时的“赔偿准备金”，当损害发生时，由该基金支付赔偿。在核损害事故发生以后，当企业在动用了责任基金以后仍不足以支付赔偿额时，则适用《德国核能法》第 33 条及其之后的条款，即由联邦和州承担赔偿责任。但该法第 34 条第 1 款第 2 句同时也规定了：国家承担的赔偿的数额以不超过赔偿准备金的 2 倍为限，目前这个最高限额为 1 亿马克。

该法第 26 条也是涉及责任构成要件的规定。核能的制造或加工设备在非运转过程中，产生核裂变或放出放射性物质，或者由加速器发出游离辐射，发生事故，造成他人人身伤害或财产损害，设备的持有人

〔84〕 Staudinger/ Kohler，（见脚注 81） § § 25 – 26 AtomG，Rn. 25；Haedrich，Heinz，Atomgesetz mit Pariser Atomhaftungsübereinkommen，Baden-Baden 1986， §31，Rn. 20；Fischerhof，Hans/ Pelzer，Norbert，Deutsches Atomgesetz und Strahlenschutzrecht，Band I，Baden-Baden 1978，Art. 3 PÜ，Rn. 8.

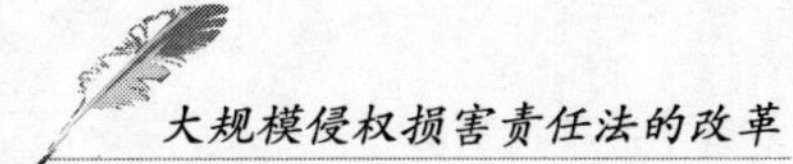

对所产生的损害承担赔偿责任。但这类责任相对于第25条中的核能的制造或加工设备在运转过程中的设备责任要轻。因为第26条第1款第2句与《德国道路交通法》第7条一样，规定了如果损害是由于不可抗力造成的，加害人可以免责。

5.《德国损害赔偿法》（Haftpflichtgesetz，HaftPflG）第2条的规定

《德国损害赔偿法》第2条设定了电力、煤气设备的危险责任。由于电力、煤气作用而发生意外事故，或者由于传送电力、煤气的设备本身发生事故，造成他人人身伤害或者财产损害时，电力、煤气设备的持有人应承担赔偿责任。但是《德国损害赔偿法》没有将其他能源生产时发生事故的责任涵盖在内[85]，因而《德国损害赔偿法》在环境事故中的适用有很大程度上的局限性。该法第9条、第10条规定了电力、煤气设备责任实行限额赔偿，对于人身伤亡赔偿的最高限额为年金3万马克，财产损害的最高限额为一次事故10万马克，同一事故引起多项物损的情况，亦

〔85〕 BGH 14. 3. 1985，VersR 1985，S. 641.

同。由此，大规模事故案件中提起诉讼显得毫无意义。《德国损害赔偿法》第 2 条第 3 款第 3 项还规定，除非侵害是由于电力、煤气设备责任导线脱落所造成，否则损害结果由于国家公权力造成这一情形，属于《德国损害赔偿法》上的完全免责事由，加害人能由此免除全部责任。

6. 《德国联邦采矿法》（Bundesberggesetz，BBergG）第 114 条以及后续条款的规定

《德国联邦采矿法》第 114 条第 1 款也是一项关于危险责任的规定。本法第 2 款第 1 句第 1 项中所列举的“采矿作业”，以及第 2 款第 1 句第 3 项中所指的“矿业企业”，造成他人人身伤害或者财产损害时，应承担赔偿责任。第 2 款第 1 句第 1 项中所列举的责任相关的“采矿作业”包括探矿、开发和选矿，以及与此直接相联系的装载、运输、卸载、仓储和堆放的整个过程。第 2 款第 1 句第 1 项中还规定了在开采过程之中和之后的地表恢复利用。按照该法第 2 条第 1 款第 3 项的规定，第 114 条第 1 款中的“设施配备”主要是指正在用于进行，或者应该用于进行在第 1 项和第 2 项中所列举的“采矿作业”的运作设备和器材。

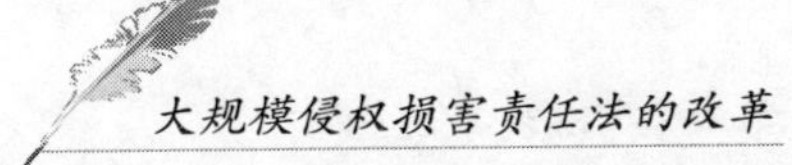

和《德国水利法》第22条一样，《德国联邦采矿法》第114条第1款也就行为责任和设备责任规定了不同的责任构成要件。该法第120条第1款因果关系推定的规定，减轻了受害者的举证责任。在地下采矿作业中，由于地表发生塌陷、挤压、扭曲或者裂缝而造成采矿事故的，推定因果关系成立。由于其他法律中列举的情况（明显的植被稀疏、水文地理条件所造成、地基变化、第三人的影响）而发生采矿事故的除外。

7.《德国基因技术法》（Gentechnikgesetz，GenTG）第32条以及其后续条款的规定

依照《德国基因技术法》第32条的规定，经营者基于其基因技术而生产的生物体的特性造成他人死亡、伤害或者损坏他人财物的，应负赔偿责任。该法第3条第9项定义了“经营者”这一概念，即在没有依照该法第16条第2款中的规定，得到第14条第1款第2句中规定的将基因技术产品的后代以及繁殖制剂投放市场的许可的情况下，便以自己的名义配备和管理使用设备，执行基因技术工作或者释放基因技术产品者，或者首次将含有转基因的生物体的产品以及

由此生物体发展出来的其他产品投放市场者。

《德国基因技术法》第 32 条第 1 款中的责任设置非常严格，规定国家责任也不能成为免责事由；另外，不同于《德国产品责任法》（Produkthaftungsgesetz），《德国基因技术法》规定，产品制造者能够证明将产品投入流通时的科学技术水平尚不能发现风险存在的，亦不能免除其责任。该法第 34 条第 1 款因果关系推定的规定，减轻了受害者的举证责任。如果确定损害结果是由于转基因生物体造成，则推定它是基于其基因技术而生产的生物体的特性造成。如果可以证明损害是由于该生物体的其他特性所造成，则这个推定被推翻。此外，该法第 36 条也就“赔偿准备金”做出了规定。

8.《德国民法典》第 906 条第 2 款第 2 句的规定

相邻权因其不动产权利这一性质，而不同于一般侵权法中由于非法行为造成侵害，也不同于危险责任。依照《德国民法典》第 906 条第 2 款第 2 句的规定，土地所有权人有义务容忍第 906 条第 1 款第 1 句和第 906 条第 2 款第 1 句中的来自相邻土地的干涉。土地所有人容忍了此干涉，但是干涉超过可合理期待的限度，侵害所有人对该土地作当地通常使用，或者侵害其土地的收益的，所有人可以向另一块土地的使用人请求适当的金钱补偿。法院通过判例发展出来的较《德国民法典》第 906 条更为严格的一般的相邻权上的补偿请求权。〔86〕依照法院总结的原则，所有权人只需证明依靠其自身力量，事实上无法阻止对土地的干涉，便可以主张相邻权上的补偿请求权，不必满足第 906 条中所列举的不可合理预期的情况。

9.《德国联邦排放控制法》（Bundes-Immissionsschutzgesetz，BImSchG）第 14 条第 2 句的规定

依照《德国联邦排放控制法》第 14 条第 2 句的规定，对土地构成妨碍的不利影响来自相邻土地上的设备，而该设备运营的许可决定不可撤销，则土地所有人有权要求损害赔偿。允许这样的妨碍存在，而对所有人进行补偿的这一规定的构成要件是，按照目前的技术发展水平阻止妨碍发生的措施还无法实施，或者经济角度上衡量属于不合理。也就是说，依照该法第 14 条的规定，土地所有权人对这类侵扰以及排放

〔86〕 BGH 的基础性案例：BGH 2. 3. 1984，BGHZ 90，S. 255.

行为负有容忍义务。

10.《德国环境责任法》（Umwelthaftungsgesetz, UmweltHG）第 1 条的规定

1991 的《德国环境责任法》规定了环境侵权领域的危险责任。在该法附件中所列举的“设备”引起的环境影响造成他人死亡、伤害或者损坏他人财物，则设备所有人也应负赔偿责任。不同于《德国水利法》第 22 条的规定，《德国环境责任法》只规定了设备责任，没有规定一般财产损害赔偿以及行为责任。立法者本想通过该法弥补当时损害赔偿法上的漏洞。〔87〕因为从相邻权和一般侵权法角度来看，主要的请求权基础为《德国民法典》第 906 条第 2 款第 2 句和第 823 条第 1 款，对受害人的保护不力。相邻权上，尽管也为受害人提供了不问过错的损害赔偿责任，但是因其本身为不动产上的权利这一性质，对生命、身体、健康以及动产所有权提供的保护力度不够。

不同于《德国民法典》第 823 条以及之后条款的规定，《德国环境责任法》第 1 条以及之后的条款为

---

〔87〕 BT-Drucks. 11/7104，11/ 6454.

责任人设定了一个不问过错的责任。该法还有一个重要的特点在于第6条中的因果关系推定的规定：即视个案中的具体情况，只要设备具备引起损害结果的能力，便视为存在因果关系。但是如果可以证明，所有人依照法律相关规定运作设备情况下，损害结果仍然发生，则第6条中的因果关系推定不再适用。从这个意义上来说，设备所有人举证其他的设备也可能引起损害结果并不能推翻第6条中的因果关系推定，相反，应该证明损害结果是由于其他原因所造成，例如，自然事件，受害人自身原因等。[88] 这样的解读可以在该法第7条第2款以及立法者的立法目的中得到印证。[89]

《德国环境责任法》第4条规定了涉及国家权力的责任排除。该法第15条为人身伤害和物件毁损设定了一个同样的责任限额，即1.6亿马克。第18条第1款则规定了依照其他法律提起的环境侵权请求权

---

〔88〕 Landsberg, Gerd/ Lülling, Wilhelm, Umwelthaftungsrecht, Köln 1991, §7, Rn. 1; Schmidt-Salzer, Joachim, Kommentar zum Umwelthaftungsrecht, Heidelberg 1992, §7, Rn. 3ff; Salje, Peter, Umwelthaftungsgesetz, München 1993, §§1, 3, Rn. 1.

〔89〕 BT-Drucks. 11/7104, S. 18.

不受影响。可见，《德国环境责任法》并不是对环境侵权领域规范的法典化，而只是与其他现有的规范并存的环境法规范。

二、环境责任法的国际法规范

环境法领域已经达成的国际公约很多〔90〕。在这里不得不提的有 1969 年 11 月 29 日的《国际油污损害民事责任公约》(Internationales Übereinkommen v. 29. 11. 1969 über die zivilrechtliche Haftung für Ölverschmutzungsschäden)。之后，此公约也通过一个议定书进行了修改，目前为止已经有 98 个国家批准通过，修改后的公约命名为《1984 年责任公约》(Haftungsübereinkommen von 1984)〔91〕。此公约的产生，主要是为了处理在英吉利海峡的英格兰西南部海岸附近发生的"托里坎荣"号事故（Torrey Canyon)。该公约第 3 条规定了将石油作为散装货物运输的轮船船主所负赔偿责任的最高限额。轮船船主陷入履行不能、或者出现符合公约中规定的免责事由的情况（第

〔90〕 已整理成合集：V. Bar，Christian，Gemeineuropäisches Deliktsrecht，Band I，München 1996，Rn. 379ff.

〔91〕 UNTS 973，S. 3；BGBl. 1975 II，S. 301，305；Trb. 1970，S. 196；näher v. Bar，(见脚注 90)，Rn. 380.

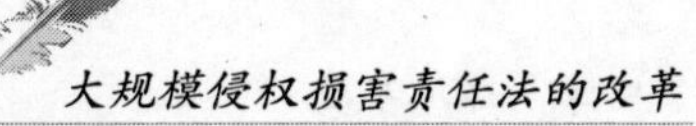

三人故意造成损害结果、战争影响)，超过限额部分则由1971年12月18日通过《设立赔偿国际油污损害民事责任基金公约》(Internationales Übereinkommen v. 18.12.1971 über die Errichtung eines internationalen Fonds zur Entschädigung für Ölverschmutzungsschäden)〔92〕设立的基金进行赔偿，该基金也附有最高赔偿限额。之后，该公约也通过几个修改议定书〔93〕进行了修改，更名为《1984年基金公约》(Fondsübereinkommen von 1984)。《德国核能法》以另外一种方式借鉴了该公约的做法，第38条规定了由于外国法的规定导致受害人无法获得赔偿情况下的国家赔偿。从总体上来看，《国际油污损害民事责任公约》可以说是这个领域国际法统一过程中，为受害人提供赔偿非常有效率的一个公约。

---

〔92〕 BGBl. 1975 II, S. 301, 320;

〔93〕 näher v. Bar,(见脚注90), Rn. 380.

第三节　国内法、国际法、超国家法律层面的责任规范模式

一、环境法——总论部分（Umweltgesetzbuch, UGB-AT）

1990 年，Kloepfer 教授，Rehbinder 教授，Schmidt-Aßmann 教授 以及 Kunig 教授受联邦环境、自然保护和核反应堆安全部的委托，起草《环境法典》的总论部分。[94] 1992 年的第 59 届法律人大会也对此草案进行了审议。草案的第八章（《环境法典》的总论部分第 110 条－第 130 条）是关于责任和赔偿的规定；这部分内容我们将在“生态侵权”部分作具体探讨。1997 年由 Sendler 教授为主席的专家委员会起草了另一部统一《环境法典》，提交联邦环境、自然保护和核反应堆安全部审议。[95]

---

〔94〕 Kloepfer, Michael/ Rehbinder, Eckardt/ Schmidt-Aßmann, Eberhard, Umweltgesetzbuch Allgemeiner Teil, Berlin 1991.

〔95〕 简要报告见：UPR 1997, S. 456 – 457；详细内容见：Klöpfer/ Durner, Der Umweltgesetzbuch-Entwurf der Sachverständigenkommission, in DVBl. 1997, S. 1081 – 1107.

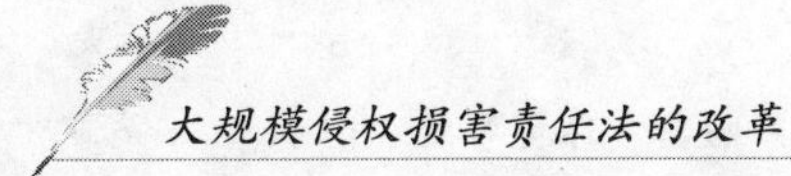

二、《德国土壤保护法》（Gesetz zum Schutz des Bodens）

为进一步的修改，德国联邦议会的调查委员会正在对联邦议会于 1997 年 12 月 6 日通过的《德国土壤保护法》〔96〕进行审议〔97〕，在此之前，1994 年在明斯特举行的第 60 届法律人大会已经对该法案再进行过审议〔98〕。该草案第 4 条规定了对土质造成有害影响的责任人或者有毒废料的制造者、所有人以及对土地拥有事实上处分权利的人的清除残留污染的义务。

三、《废弃物排放的民事责任的指令》（Richtlinie über die zivilrechtliche Haftung für Abfälle）的提案

在欧盟层面，关于起草《废弃物排放的民事责任的指令》〔99〕的讨论，早在 1988 年已经开始，并形成了当时欧共体委员会草案，1991 年对此作了修改。这个指令草案的最核心的部分规定是对于在《欧洲经济共

〔96〕 BT-Druvks. 13/ 6701 u. 13/7891.

〔97〕 BT-Druvks. 13/ 8182.

〔98〕 Verhandlungen des 60. DJT Bd. I Teil B.

〔99〕 Amtsblatt der EG vom 4. 10. 1989 Nr. C 251/ 3；修改后的提案见：Amtsblatt der EG vom 23. 7. 1991 Nr. C 129/ 6.

同体第75/442号指令》（Richtlinie 75/442/EWG）〔100〕意义上的“工业废弃物”的排放，设立一个原则上不问过错的责任以及不设最高限额的赔偿义务。它对“废弃物”的概念作了非常宽泛的定义。这说明，该指令草案以及其修改后的版本〔101〕都旨在将各种类的排放物包括在内。因为《废弃物排放的民事责任的指令》中的“废弃物”的概念援引了《欧洲经济共同体第75/442号指令》中的规定。模式是一个总括性的规定辅以一系列的具体例子（《欧洲经济共同体第75/442号指令》第1条）。依照该条文的规定，“废弃物”是指占有人丢弃的，或者按照现行法律规定应该丢弃的所有物质和物件的总称。第三人故意介入了损害结果的发生或者共同体法意义上的国家权力介入为责任免除的事由（《欧洲经济共同体第75/442号指

〔100〕 当时欧共体理事会于1975年7月25日通过的《关于废弃物的指令》（《欧洲经济共同体第75/442号指令》）见：Amtsblatt der EG vom 25. 7. 1975 Nr. L 194/47；1991年3月8日当时欧共体理事会通过的《关于修改〈欧洲经济共同体第75/442号废弃物的指令〉的指令》见：Amtsblatt der EG vom 26. 3. 1991 Nr. L 78/32.

〔101〕 最初的草案中规定“废弃物”的定义准用《欧洲经济共同体第75/442号指令》第1条，修改后的版本在第2条第1款b项中规定了废弃物的定义为：“本指令意义上的‘废弃物’是指《欧洲经济共同体第75/442号指令》中称之为‘废弃物’（Abfall）所有物质和物件。”

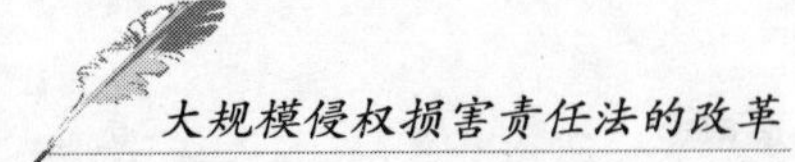

令》第6条）。指令还规定了责任的“双轨制”，即造成个人人身、财产损失（《欧洲经济共同体第75/442号指令》第2条第1款）和造成环境破坏都要负责。环境保护协会也有权起诉，依照各国具体条件的不同，起诉权限由各成员国自行具体规定。

与《卢加诺公约》（Lugano-Übereinkommen）（见第四章第三节）一样，《欧洲经济共同体第75/442号指令》的规定也隐含着由于“废弃物”所造成的巨大的侵权责任可能性和工业政策上的风险。[102] 这样的赔偿责任只有通过保险才有可能实现，因而在指令第11条第1款中涉及了保险和其他经济上的担保的规定。但是到目前为止，还不确定欧洲保险业是否有能力理赔这样大规模的环境事故。[103]

起草《废弃物排放的民事责任的指令》的提案经过1991年的修改以后搁置下来，没有再被提上审议程序。尽管提案没有被委员会撤回，但事实上已被欧

〔102〕 参见v. Bar，（见脚注90），Rn. 389，也证明了此观点。

〔103〕 参见v. Bar，（见脚注90），Rn. 389.

盟制定的一个“绿皮书”[104]所取代，在这个“绿皮书”中详细列明了到目前为止尚待澄清和解决的问题，对需要进一步调查的问题提出建议或者着手调查。近期应该会以决议形式出台一部对该“绿皮书”进行补充的“白皮书”。[105]

四、欧盟关于恢复环境破坏绿皮书（Europäisches Grünbuch über die Sanierung von Umweltschäden）

欧盟委员会于1993年5月14日起草的“绿皮书”[106]是委员会对1978年发生在英吉利海峡的超级油轮“阿莫卡·卡迪兹号”溢油事故、1986年发生在前苏联切尔诺贝利核电站事故以及同年发生在瑞士巴塞尔市的桑多兹化工厂事故做出的应对反应。[107]“绿

〔104〕 欧盟委员会向欧盟理事会、欧洲议会以及经济和社会委员会发出的报告：关于恢复环境破坏绿皮书，KOM（93）47 endg.；Amtsblatt der EG v. 29. 5. 1993 Nr. C 149/12；另 D. III4.；参见文献：Hulst，Ernst H. / Klinge-van Rooij，Ingrid，Europäisches Haftungsrecht：Das，Umwelt-Grünbuch-Ökologie oder Ökonomie?，in：PHI 1994，S. 108 – 120.

〔105〕 另参见编辑记录：in EuZW 1997，S. 292 und in EuZW 1997，S. 332.

〔106〕 同脚注104；vgl. auch BR-Drucks 436/93 sowie Hager，Günter，Europäisches Umwelthaftungsrecht-Überlegungen zum Grünbuch der EG-Kommission über die Sanierung von Umweltschäden，in：ZEuP 1997，S. 9 – 40.

〔107〕 Hulst / Rooij，（见脚注104），S. 108.

皮书”对在环境责任实行以后所可能出现的问题作了具体规定，例如，对引起环境侵权的行为和责任人，对环境侵权的概念，因果关系证明上的问题，诉权以及哪些环境损害可以列入承保范围等作了进一步具体规定。此外，“绿皮书”还对民事责任之外的费用进行赔偿的共同赔偿体系进行了规定。因为在这种事故中，经常出现侵权人无法查明或资不抵债，责任人的行为和损害结果的因果关系由于大量行为混杂交错在一起而难以证明的情况。

五、欧洲委员会于1993年6月21日公布的《关于对造成环境破坏的危险活动承担民事责任的公约》（《卢加诺公约》）（Konvention des Europarates vom 12. Juni 1993 über die zivilrechtliche Haftung für Schäden durch umweltgefährlich Tätigkeit，Lugano-Übereinkommen）

在“切尔诺贝利核电站事故”和“桑多兹化工厂事故”发生后，欧洲委员会于1993年6月21日公布了《关于对造成环境破坏的危险活动承担民事责任的公约》（《卢加诺公约》）〔108〕。该公约第一次对“环境

〔108〕 德文版本见：PHI 1993，S. 196 – 202 und 211 – 217.

侵权”做了全面的规定，就这一点上来说，是一个不小的突破。[109] 公约也规定造成个人人身、财产损失（第 2 条第 7 款 a 和 b）和造成环境破坏及污染（第 2 条第 7 款 c）都要负责。第 6 条第 1 款的规定为从事危险行为的经营者设定了一个客观责任。第 2 条第 1 款 a－d 定义了“危险行为”，即对一种或数种有害物质进行生产、加工、储藏、使用、释放等行为。依照第 2 条第 2 款 a 的规定，公约意义上的“有害物质”是指具有会给人、物或者环境带来重大危险的物质或者制剂。其他有关公约（指前面提到的《巴黎公约》）规定采用的模式，即原本受害人可以任意选择责任人，公约却规定请求权也只能向经营者提起，即将请求权汇集到经营者的模式，并没有被《卢加诺公约》所采用，而只是对一般责任和垃圾堆放场经营者的责任做出了不同的规定（第 2 条第 2 款）。第 10 条是关于因果关系的规定，法院在审查因果关系时必须将由于造成损害结果发生的概率增加这个因素合理考虑在内。公约在复杂的因果关系问题上规定了概率增

〔109〕《卢加诺公约》中第 25 条第 1 款规定了它与其他环境法国际公约的关系；第 2 款则规定了与欧洲共同体法律的关系。

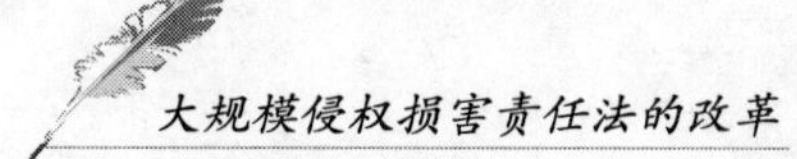

加归责的判断标准。行为人无法证明应承担的损害份额的，应当承担连带责任（第 6 条第 2、3 款）。并且，只有行为人可以证明自己的行为与全部损害结果的发生没有因果关系，才可以仅对部分损害结果负责。

《卢加诺公约》还规定了一系列说明义务（第 13 - 16 条）以及对公约规定的风险进行责任保险或者与此类似的财产上的担保。目前公约还未生效，但是欧盟委员会如果可以将该公约借鉴成为欧盟范围内的协定，对欧盟是非常有利的。当然，这不仅需要欧盟委员会形式上的提案，而且要由部长理事会确认通过。而在部长理事会以多数通过，恐怕很困难。[110] 此外，欧洲的保险业是否愿意承保在这种相当创新的责任体系下的风险，目前也非常不确定。[111]

---

〔110〕 Vgl. Frietsch, Edwin A., Deutschland: Stand der rechtspolitischen Diskussion zur Fortentwicklung des außervertraglichen Haftungsrechts, in: PHI 1997, S. 24. -36, 27f.

〔111〕 见欧洲共同体委员会绿皮书第 14 - 16 页（Doc. KOM [93] 47 endg.）。许多保险公司在处理环境责任保险问题上尚没有经验，缺乏建立起相关保险业务的在技术配备和人员力量。参见 v. Bar，（见脚注 90），Rn. 383，也证明了此观点。

六、1996 年《国际海上运输有毒有害物质损害赔偿责任公约》（Internationales Übereinkommen von 1996 über Haftung und Entschädigung für Schäden bei der Beförderung gefährlicher und schädlicher Stoffe auf See, HNS-Übereinkommen）

《国际海上运输有毒有害物质损害赔偿责任公约》（《HNS 公约》）目前也尚未生效，它主要规定了海上运输有毒有害物质造成损害的船东需要负不问过错的责任。公约第 1 条第 6 款规定造成个人人身、财产遭受损失、环境遭到破坏都可以请求损害赔偿。但是环境破坏赔偿仅限在恢复破坏事实上所采取措施的支出费用或者应该支出的合理费用。以轮船大小进行区分，船东责任设有最高限额，用“特别提款权”为单位表示。船东必须投保责任保险，并且提供国际保险单据，在途径港口必须出示该证明。在公约范围内还应设立“海上运输有毒有害物质损害赔偿基金”，当船东责任限额不足以赔付损失的情况下，由基金负责赔偿超出数额，但赔偿总额不得超过 2.5 亿特别提款权（合计约 5.5 亿马克）。作为有害物质的收货方也应该对损害承担必要赔偿。

第四节 生态破坏的赔偿

“生态破坏”的赔偿问题[112]，指的是依照现行法的规定，并且不考虑各环境资源法律领域上的归属[113]，责任法在何种程度上可以对环境资源进行保护的问题。这里涉及到土壤、水、空气、气候这些环境介质的物理、化学、生物性质的变化，动物界和植物界本身以及它们之间的相互关系的变化。[114]依据现行私法上的规定，侵害人的损害赔偿义务总是以个体的权利、法益、或者财产利益受侵害为前提（见《德国水利法》第22条）。《德国环境责任法》也将人身或财产损失作为责任的构成要件（见《德国环境责任法》第1条）。对个人利益的损害进行赔偿，也体现了防止环境破坏这一社会共同利益的保护。因为如果毁损

〔112〕 Vgl. Seibt, Christoph H., Zivilrechtlicher Ausgleich ökologischer Schäden, Tübingen 1994; Kadner, Thomas, Der ökologischer Schäden-Ansprüche von Umweltverbänden, Berlin 1995; Godt, Christine, Haftung für ökologische Schäden, Berlin 1997.

〔113〕 Seibt，见脚注112，S. 9f.

〔114〕 Landsberg/ Lülling，（见脚注88），§16，Rn. 1 f.；Salje，（见脚注88），§16，Rn. 1.

他人财产的同时也对自然或者环境进行了破坏，那么《德国民法典》第 249 条中的“恢复原状”也应该包括对生态破坏的“恢复原状”，前提是该生态破坏和物联系在一起，并且这种破坏是可以被排除的（《德国民法典》第 251 条第 1 款）。土壤和土地上栽种的植物属于土地的重要组成部分（《德国民法典》第 93 条、第 94 条第 1 款)，因而对土地上的树木的破坏构成对土地所有权的干涉，可以请求恢复原状。但是依照《德国民法典》第 960 条的规定，自由生活于自然界的动物属于无主物，因而也无法将其归到个人权利项下，在此便会产生问题。为了解决这个难题，提出了“土地的生态结构意义上的组成部分”这个概念。作为生态环境必要组成部分的动物也被划分到受私法保护的土地所有权项下，这些动物就被隶属于一定空间范围之下。[115] 将作为生态环境必要组成部分的动物也纳入对土地所有权的侵权保护范围是合理的，因为这样一来，可以为动物的存在形式在土地用益上确立起具体的意义。土地也增添了为一定的植物或动物提供生存空间这一特殊目的，例如，湿地生物群落。湿地生物群落的破坏，构成对土地用益性的损害，属于财产侵权。《德国环境责任法》的立法理由也从这一角度进行了说明，即现行法上的对自然环境恢复原状也包括对被破坏的生态环境的恢复，让毁坏的植被以及驱逐的动物在原来的生存空间继续繁衍和生活。[116]

《德国环境责任法》第 16 条明确规定，损坏他人

---

〔115〕 Vgl. Rehbinder, Eckard, Ersatz ökologischer Schäden-Begriff, Anspruchsberechtigung und Umfang des Ersatzes unter Berü cksichtigung rechtsvergleichender Erfahrungen, in : NuR 1988, S. 105 – 115, 107; Ladeur, Karl-Heinz, Schadensersatzansprüche des Bundes fr die durch den Sandoz-Unfall entstandenen, "ökologischen Schäden?", in : NJW 1987, S. 1236 – 1241, 1237ff. ; Baumann, Peter, Die Haftung für Umweltschäden aus zivilrechtlicher Sicht, in: JuS 1989, S. 433 –440, 439; Knopp, G. M. , Wiedergutmachung ökologischer Schäden nach, 22 WHG, in: ZfW 1988, S. 261 –269, 263ff. ; 持其他观点的有: Schulte, Haus, Zivilrechtsdogmatische Probleme im Hinblick auf den Ersatz "ökologischer Schäden", in: JZ 1988, S. 278 –286, 282 f.

〔116〕 BT-Drucks. 11/7881, Beschlussempfehlung und Bericht des Rechtsauschusses, S. 35; BR-Drucks. 127/90, Gesetzentwurf der Bundesregierung, S. 54.

财产的同时，引起自然和环境的破坏的情况，不能仅以恢复自然环境原本的状态所支出的费用超过财产价值，来判定《德国民法典》第 251 条第 2 款意义上的“不合比例性”。《德国环境责任法》第 16 条第 1 款做出了与《德国基因技术法》第 32 条第 7 款相类似的规定，生态破坏的案例作为特例可以有别于一般侵权法（《德国民法典》第 249 条以及之后的条款）的规定，但是要有利于受害人。然而就如大部分的《德国环境责任法》草案中所规定的那样，第 16 条第 1 款这个条款并非生态侵权损害赔偿的请求权基础。〔117〕只有当具体的个人权利受到损害，同时伴有生态侵权时，《德国环境责任法》第16 条第1 款才可以适用。依照一般侵权法规则，如果恢复原状态的费用“不合比例性”，受害人的请求权将不被支持。而如果费用超过毁损物价值的30%，即判定为“不合比例性”。〔118〕依照第 16 条第 1 款的规定，生态侵权也必须遵守这个判定原则，因为“合比例性标准”的界限在生态侵权领域已经被相对提高：这主要是通过在生态侵权领域考虑超

〔117〕 Salje，（见脚注 88），§ 16，Rn. 1.

〔118〕 BGH 15. 10. 1991，BGHZ 115，S. 364，371.

过毁损物本身价值的人类共同利益的价值，以此来衡量恢复被破坏的自然环境的费用，个别情况中，还要考虑到受害人的情感利益的方式来实现。[119]

由于生态侵权以个体权利受到损害为前提，因而这种间接通过民法来完成的保护方式，无论在力度上还是在范围上，都很有限。过去，也有试图通过扩展《德国民法典》第 823 条第 1 款中所保护的法益来突破这个界限的不少尝试。首先，为了加强对环境的侵权法上的保护，有观点认为可以采取扩大“一般人格权”的路径；还有观点[120]则认为可以将“洁净空气”、“纯净的水”以及“无噪声”归入《德国民法典》第 823 条第 1 款中的“其他权利”项下。例如，以 Forkel 教授为代表的一些学者认为，一般环境侵权可以视为对“一般人格权”的侵害来加以保护。[121]

---

〔119〕 Staudinger/ Kohler，（见脚注 81），§16 UmweltHG，Rn. 3.

〔120〕 Köndgen，Johannes，Überlegungen zur Fortbildung des Umwelthaftpflichtrechts，in：UPR 1983，S. 345 – 346，348ff.

〔121〕 Forkel，Hans，Immissionsschutz und Persönlichkeitsrecht，Köln 1968，S. 24ff. und 47ff.；持相同观点的还有：Roth，Günter H.，Materiellrechtliche und prozessuale Aspekte des privatrechtlichen Immissionsschutzes in rechtsvergleichender Sicht，in：AcP 174（1974），S. 381 – 406，387ff.

然而这个观点并没有太多学者赞同。〔122〕因为有学者认为，“一般人格权”这一制度设置用于对环境侵权提供保护会显得牵强，这也打开了“一般人格权”之诉泛滥之门，必须予以警惕。因为这些学者认为，无法提供一个让人信服的划定受害人范围的标准。而为《德国民法典》第 823 条第 1 款意义的环境领域的“其他权利”框定范围，学者也认为不可能。〔123〕除此之外他们还提出，将《德国民法典》第 823 条第 1 款中的“其他权利”扩展到生存必需物资，如“洁净空气”、“纯净的水”以及“无噪声”等等的观点，不

---

〔122〕 Simitis, Spiros, Haftungsprobleme beim Umweltschutz, in: VersR 1972, S. 1087 – 1095, 1092; Diederichsen, Uwe, Die Haftung für Umweltschäden, in : BB 1973, S. 485 – 491, 487; Köndgen, （见脚注 120）, S. 348f. : “Etikettenschwindel”; Medicus, Dieter, Zivilrecht und Umweltschutz, in : JZ 1986, S. 778 – 785, 780.

〔123〕 Engler, Helmut, Welche Möglichkeiten des Schutzes vor schädlichen Umwelteinflüssen bietet das Zivilrecht?, in : AgrarR 1972, S. 371 – 377, 373; Diederichsen, （见脚注 122）, S. 487; Diederichsen, Uwe/Scholz, Andreas, Kausalitäts-und Beweisprobleme im zivilrechtlichen Umweltschutz, in: WiVerw 1984, S. 23 – 46, 32; Marburger, （见脚注 71） S. C 121; Medicus, （见脚注 122）, S. 779.

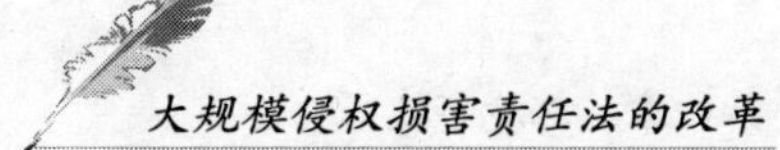

符合德国侵权法的法安定性要求。[124] 最最重要的，对于试图将《德国民法典》第823条第1款中所保护的利益扩展到环境保护领域，是否是环境领域侵权所要解决的问题重点和症结所在，还尚待明确。因为在此之前，希望将一般人格权规定下来的提议也因同样的质疑而告终。[125]而且确定利益平衡的界限，原本就是法院的职能所在。[126] 在我看来更具说服力的观点是：环境利益受损不能以个人主观权利这一法律属性来提起请求权，因为自然环境是一种不隶属于任何个人的，而原则上对任何人都开放的，用于人类共同使用的物资。[127] 除此之外，我认为将环境利益归入

---

〔124〕 Diederichsen, Uwe, Referat zum Thema: "Ausbau des Individualsschutzes gegen Umweltbelastungen als Aufgabe des bürgerlichen und des öffentlichen Rechts", in: Verhandlung des 56. Deutschen Juristentages, Berlin 1986, Band 2, S. L 48 – L 106, L75f.

〔125〕 Vgl. KG 18. 1. 1928, JW 1928, S. 363: ein "jeder klaren Abgrenzung unzugängliches Gebilde". (任何人都无法明确定义"一般人格权"。)

〔126〕 v. Bar, (见脚注59), S. 12.

〔127〕 Marburger, (见脚注71) S. C 120; 也参见 Diederichsen, (见脚注124), S. L75; Medicus, (见脚注122), S. 779; Pfeiffer, Thomas, Die Bedeutung des privatrechtlichen Immissionsschutzes. Ein Untersuchung zu §§ 1004, 906 BGB, Frankfurt/ M., Bern, New York 1987, S. 187ff.; Kloepfer, Michael, Umweltschutz als Aufgabe des Zivilrechts-aus öffentlicher-rechtlicher Sicht, in: NuR 1990, S. 337 – 349, 346; Hübner, Ulrich, Haftungsprobleme der technischen Kontrolle, in: NJW 1988, S. 441 – 452, 450.

《德国民法典》第 823 条第 1 款中的“其他权利”项下，强调的重点发生了偏颇。就如《基本法》第 22 条 a 所规定的那样，环境保护首要的重点，必须关注生存条件的保持。所以环境保护的重点应该在于健康权的保护。为此应该规定，只要健康权受到不合理限制或损害，就可以得到赔偿，不以达到必须进行治疗的严重程度为要件。〔128〕另一方面，对财产权的保护应该在普遍意义上，而不是寄希望于环境侵权这一特殊领域加以保护来提高其保护力度。德国法并没有为纯粹经济损失提供普遍的财产权保护，而在环境保护领域突破这个一般原则，并不符合现行法律体系的格局。〔129〕这里我们会直接联想到一个例外的规定，即《德国水利法》第 22 条，因为它将纯粹经济损失也涵盖在侵权损害赔偿之内。按照此规定，露天游泳池的经营者，由于河流污染而蒙受营业收入上的损失，可以主张损害赔偿，而不以他所在环境的破坏为必要。〔130〕同

〔128〕 v. Bar，（见脚注 59），S. 12.

〔129〕 Marburger，（见脚注 71） S. C 120f.

〔130〕 BGH 31. 1. 1972，Handbuch des deutschen Wasserrechts（Wüsthoff，Alexander/ Kumpf，Walter，Hrsg.），R 1219.

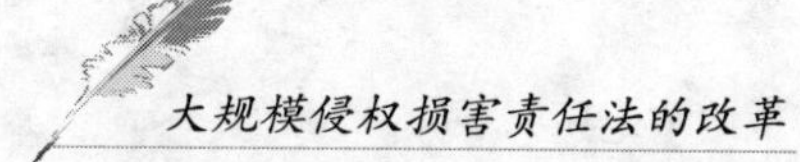

样的，自来水厂经营者，尽管其不享有抽水的绝对权利，但是如果由于货车交通事故造成 7000 升汽油外溢，则该经营者采取将受污染的土壤铲除、对污水进行引流的措施，对方也必须承担相应费用，因为这是经营者对财产进行用益时应该付出的必要费用。〔131〕

不同于国内法必须以个人权利的损害为前提的规定，国际法和超国家层面的法律制度采用的是“双轨制”的模式，即规定个人人身、财产遭受损失、环境遭到破坏都可以请求损害赔偿。关于起草《废弃物排放的民事责任的指令》的提案〔132〕中，第 2 条第 1 款 d 定义了“环境破坏”：不构成第 2 条第 1 款 c 第 2 项意义上的财产损害，但是却造成环境质量物理上、化学上、生物上的严重恶化的影响的事件。欧洲委员会于 1993 年 6 月 21 日公布的《关于对造成环境破坏的危险活动承担民事责任的公约》（《卢加诺公约》）〔133〕在第 2 条第 7 款规定了环境破坏应该得到损害赔偿。第 2 条第 10 款是公约意义上的“环境”的定义，即

〔131〕 BGH 23. 12. 1966，ZfW 1967/68，S. 92ff.

〔132〕 见脚注 99。

〔133〕 见脚注 108。

自然界中所有有机因素和无机因素的总和，包括水、空气、土壤、动物圈和植物圈以及这些因素的相互作用，文化遗产的组成部分，各个环境地带的标志性特征。《卢加诺公约》采用的也是“双轨制”的责任模式。

《环境保护法典》的总论部分〔134〕草案的第八章第110条－第130条是关于责任和赔偿的规定。〔135〕该草案对“生态侵权”提供了两分的解决路径。第127条规定了环境破坏，同时损害个人财产的情况；第118条则规定了环境侵权但不涉及个人财产利益的情况下的赔偿。〔136〕第118条第1款第1句以《德国联邦自然

---

〔134〕见脚注94。

〔135〕第59届法律人大会做出决议（第14项）：私法领域的环境法（包括环境责任法）不应该规定在环境保护法典中（52:24:10）。然而这并不排除两者的一致性（73:4:7）。Breuer提出了相反的意见：Gutachten B，S. 109，127（Nr. 45），他认为环境保护法典应涵盖私法领域的环境法。

〔136〕《环境保护法典》的总论部分草案第118条第1款：在构成第112条以及第114－117条（《环境保护法典》中责任构成要件的规定）的同时，行为人必须严重违反了其公法上的保护自然环境的义务，从而造成了自然环境的严重破坏，而土地所有人没有权利要求恢复原状或者损害赔偿，或者所有人对损害行为表示了同意或对此行为有容忍义务时，公法上的地方环保机构可以要求行为人恢复原状，如果恢复原状已无法实现，则要求损害赔偿。

保护法》第8条第2款第1句的规定作为蓝本，并且对其进行了扩充，为侵权行为人设定了对公法上的地方环保机构的责任，即该机关可以要求恢复原状或者请求损害赔偿；然而这一请求权的构成要件比较严格，行为人必须严重违反了其公法上的义务，从而造成了自然环境的严重破坏。另外，这个公法上的请求权只是补充性质的，换言之，只有当土地所有人没有权利要求恢复原状或者损害赔偿时，或者所有人对损害行为表示了同意或对此行为有容忍义务，才有可能适用公法上的请求权。第118条第2款还赋予公法上的地方环保机构要求恢复原状和其他补偿措施费用的请求权，尤其是当“必须立即采取行动或者恢复原状的措施已经完成的情况”。[137]

总的来说，虽然现行国内法的环境责任法还未对生态侵权做出规定。但是我们也可以清楚认识到，这已经是法律政策上的大势所趋。

---

〔137〕 Kloepfer/ Rehbinder/ Schmidt-Aßmann，（见脚注94），S. 425.

第五节　结论与立法建议

一、在国内法中的责任法部分的纳入

在我看来，德国法律人大会应该顺应这一趋势，积极推进有关生态侵权的法律规范的制定。只有这样，德国法才会领悟到由其他欧洲国家在立法上已经做出的尝试的目的和意义。从请求权要件的明确性上来看，我认为《意大利环境法》上的规定[138]是做的比较好的。规定赋予了国家一个公法性质上、私法操作上的请求权，该请求权以对保护性法律的违反而引起的损害赔偿责任为蓝本。原文如下[139]：

第18条　违反法律或者违反依法颁布的行政命令的行为，故意或过失地对环境造成损害结果，从而导致环境改变、恶化、部分或全部的被毁坏，行为人要对国家负损害赔偿责任。

---

〔138〕 Art. 18 Legge 8 luglio 1986，n. 349，Istituzione del Ministero dell′ambiente e norme in materia di danno ambientale.

〔139〕 Nach v. Bar，Christian（Hrsg.）（-Busnelli），Deliktsrecht in Europa，Landesberichte Italien，Jugoslawien，Köln，Berlin，Bonn，München 1993.

……

国家、环境因素或损害行为的对象所在地的地方机关有权起诉要求环境侵权的损害赔偿，同一事件已经进入刑法程序亦同。

本法第 13 条意义上的自然人集合体、公民可以举报破坏环境的行为，促使有权起诉机关要求损害赔偿。

本法第 13 条意义上的自然人集合体可以提起诉讼要求环境侵权损害赔偿，也可以通过行政救济要求撤销违法的行政行为。

损害数额无法确定的，由法官裁量决定。各侵权人的过错、恢复原状的费用以及因环境破坏而盈利的情况是法官裁量时的重要权衡因素。

共同侵权的情况，各侵权人就其所造成的损害结果负责。

可能情况下，法官应在判决书中同时判定，国家应以侵权人的赔偿用于对已破坏环境的修复。

……

二、共同损害赔偿体系

国内外都在激烈争论是否有必要建立损害赔偿基

金〔140〕，用于民法上没有赋予受害人赔偿请求权、受害人无法确定或者资不抵债、损害结果与侵权人的因果关系不明的情况。〔141〕主要的案例有远程侵害（Distanzschäden）和累积侵害（Summationsschäden）。例如在远程运输中造成的侵害和空气污染物侵害（造成森林破坏），由于本人对涉及生态环境的专业知识涉猎不深，因而无法对这部分侵权类型进行进一步的讨论。我对设立共同损害赔偿基金这个模式原则上持保留态度，因为它会引起不必要的资金和人员组织的浪费，而且还会使无辜的企业为他的同行对环境造成的破坏买单。所以，我个人还是比较倾向于保留目前损害赔偿法体系中的个人对自己责任负责的模式。

---

〔140〕 Vgl. Bocken, Hubert, Alternative compensation system for pollution damages (1989); Bocken, Hubert, Responsabilité Civile et Fonds de Compensation: Propositions de la Commission de Réforme du Droit de l'environnement en Région flamande, in: Enviromental Policy and Law 1992, S. 160 – 164; Bocken, Hubert, Alternatives to liability and liability insurance for the compensation of pollution damages, in: TMA 1987, S. 83 – 87 und TMA 1988, S. 3 – 10; Schmidt-Salzer, Joachim, Individueller und kollektiver Schadensausgleichs Rechtswissenschaften der Universität Osnabrück am 8. Und 9. April 1994 in Osnabrück, Köln, Berlin, Bonn, München 1995; Hohloch, Gerhard, Umweltschäden im Spannungsfeld zwischen Individualhaftung und Kollektivhaftung, Genf 1993; Hohloch, Gerhard, Entschädigungsfonds auf dem Gebiet des Umwelthaftungsrechts: Rechtsvergleichende Untersuchung zur Frage der Einsatzfähigheit einer " fondslösung "; Abschlussbericht zum Forschungsvorhaben: " Rechtsfragen im Zusammenhang mit Überlegungen zur Schaffung eines Entschädigungsfonds für Umweltschäden", Berlin, 1994.

〔141〕 欧盟委员会向欧盟理事会，欧洲议会以及经济和社会委员会发出的报告：关于恢复环境破坏绿皮书，BR-Drucks. 436/93, S. 23ff. und 33f.

第五章　缺陷产品造成的大规模侵权

第一节　现实状况

缺陷产品造成的大规模侵权中最为严重的案例之一，与镇静药物“康特甘”（Contergan）有关。几乎全世界的法院都思考应该如何处理这样一个大规模侵权案例，当然也包括德国的法官们。[142]在妊娠期孕妇服用了“康特甘”药物（沙利度胺）后，出生婴儿身体出现严重畸形或残障。其他类型的案件也接踵而来，其中比较多发的有因血库血液受到艾滋病病毒的感染而造成的大规模侵权。在德国法院[143]起诉的主

---

〔142〕 BGH 13. 2. 1975，BGHZ 64，S. 30ff.；LG Aachen 18. 12. 1970，JZ 1971，S. 507ff.

〔143〕 BGH 11. 12. 1991，BGHZ 116，S. 379ff.；BGH 30. 4. 1991，BGHZ 64，S. 284ff.；BGH 1. 2. 1990，NJW 1990，S. 2316；OLG Hamm 23. 10. 1996，NJW－RR 1997，S. 217ff.

要有因外科手术接受输血而染上艾滋病毒，以及血友病患者在接受治疗时，由于输入第八凝血因子而感染到艾滋病病毒的案例。被感染者又不知情地不断传播给其他人，当然最普遍的就是患者的配偶。诸如此类的案例在世界各地都有出现。1985 年，在法国国家血液中心（Centre National de Transfusion Sanguine [C. N. T. S.]）负责人在已经得知血库血液受到了艾滋病病毒污染，并且也掌握了一种加热处理方法可以使血液中的 HIV 病毒失去活性，进而消灭病毒的技术的情况下，仍允许血液中心的血液制品在市场出售。据估计，1500 名输血病人因为被输入了受艾滋病毒污染的血液制品而感染了艾滋病。截至 1993 年已经有 300 多人死亡。[144] 1991 年 12 月 31 日，法国立法者颁布法律设立赔偿基金，对输血的受害者给予赔偿。[145]

1991 年 11 月夏威夷州最高法院必须就输入受艾滋病毒污染的血液制品的受害人提起的损害赔偿请求做出判决，而同时造成损害事实的责任人却无法确

〔144〕“法国血库艾滋病病毒污染丑闻”法国血友病患者由于输入凝血剂而感染到艾滋病病毒：AIFO 1993，S. 59/61，59.

〔145〕该法律第 47 条第 91 – 1406 项，J. O vom 4. 1. 1992 S. 184.

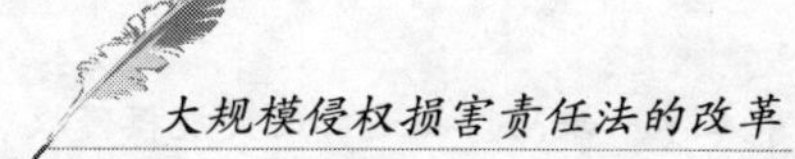

定。[146]因为受害人无法证明，是哪家产品制造者的血液制品引起病毒感染，因而起诉所有四家产品制造者。案件事实与以下会涉及的“DES 案例”相同。受害人举证困难和产品制造者赔偿责任以及数额问题是两类案件中都亟待解决的问题。

德国制定了特殊的资助法律来调整“康特甘”案件[147]和艾滋病感染侵权[148]。赔偿责任通过向受害人定期发放基金来实现。针对“康特甘”案件，联邦议会通过制定《设立“残障儿童救助基金会”法》(Gesetz über die Errichtung einer Stiftung，Hilfswerk für behinderte Kinder)，制药公司出资 1 亿马克（连同利息在内)，联邦政府也拨款 1 亿马克，注入该基金会(见该法第 4 条第 1 款)，设立“残障儿童救助基金会”(见该法第 1 条)，确认该基金会为公法机构，隶属于联邦妇女与青少年部，专门救助由于“康特甘”

---

〔146〕 Smith v. Cutter Biological，Inc. 823 P. 2d 717 (Sup. Ct. Hawaii 1991).

〔147〕 1971 年 12 月 17 日《设立“残障儿童救助基金会”法》，BGBl. 1971 I，S. 2018 –2022.

〔148〕 1995 年 7 月 24 日《设立“血液制品感染艾滋病毒者的人道援助基金会”法》，BGBl. 1995 I，S. 972 –975.

致残的儿童。针对艾滋病感染侵权案件，联邦议会也同样通过制定《设立“血液制品感染艾滋病病毒者的人道援助基金会”法》［Gesetz über die humanitäre Hilfe für durch Blutprodukte HIV-Infizierte Personen (HIV-Hilfegesetz)］，成立了一个在公法上有独立行为能力的基金会，即“血液制品感染艾滋病病毒者的人道援助基金会”（见该法第3条）。基金会所拥有的全部财产为2.5亿马克，其中1亿马克来自联邦，9080万马克来自法律中规定的制药企业，920万马克来自德国红十字会的自愿献血者，其余5000万马克由各个联邦州按比例注入（见该法第2条）。

庆幸的是，到目前为止德国尚没有出现过诸如“DES案件”这样大规模的药品事故。“DES案件”的事实情况大致如下〔149〕：在1941年至1971年间，美国有200至300家企业不同规模地生产一种名为乙烯雌酚（DES）的合成雌激素。在当时，医生一般都会建议可能发生流产或早产的孕妇使用DES进行有针对性的治疗。经历了12至20年的潜伏期之后，有研

---

〔149〕 见详细的国际司法判例：Sindell v. Abbot Laboratories，607 P.2d 924 (Sup. Ct. Of California 1980)

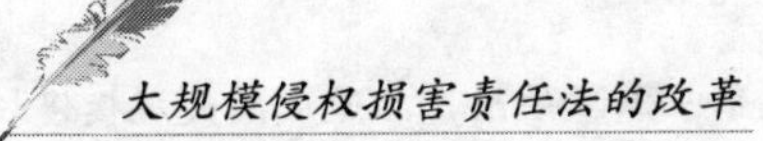

究人员发现，在怀孕过程中使用DES的妇女所生育的女性后代可能患上上腺癌，这是一种罕见的生殖系统癌症。DES没有被申请专利。这种1937年首先在英国研发的药物是于1941年被许可在美国使用。其间有200家美国企业生产并销售该药物。1947年起，美国国家食品药品管理局许可它用于对可能发生流产的孕妇进行治疗。所有生产企业的配方都相同；各个制药企业在生产时，也都使用“DES”这个统称投放市场；而医生在开处方时，也仅仅以“DES”加以标明；药店出售该药品时根本不管来自哪个生产企业，他们并不受医生指定了药品生产厂家的处方的约束，可以任意替换来自不同厂家的“DES”药品。因此，通过医院的处方也无法查明原告的母亲到底服用了哪一家制药企业生产的“DES”。这样的操作，加之经历了12至20年的潜伏期之后，在怀孕过程中使用DES的妇女所生育的女性后代患上上腺癌才得以被发现的的事实情况，使得原告根本无法查明其母亲当时到底服用了哪一家制药企业生产的“DES”。

国际上由于缺陷产品造成的大规模侵权的例子还有很多，在此无法一一列举。而这当中不得不提的有："石棉案"（Asbestfall）、"橙色落叶剂案"（Agent-Orange-Opfer-fall）以及"西班牙有毒食用油案"（spanisches Speiseöl-Fall）。

工作中经常与石棉有接触的工人，由于长期吸入石棉粉尘，几年下来就会患上严重的肺部疾病。而这样的疾病常常可以潜伏 20 年之久。受害者也无法举证证明在长期与石棉接触的工作过程中，是哪个产品制造者的石棉产品与其身体健康上的损害有因果关系（替代因果联系或聚合因果联系）。

在越南战争中，美国军队使用对人体也有毒的"橙色落叶剂"来破坏当地的森林植被。当时有至少 10 家企业生产这种橙色剂。身体一旦沾染橙色剂的战士，不仅其本人的健康受到严重影响，有的还患了癌症，同时也给其后代带来先天的残疾。受害者常常无法举证证明是哪家生产企业的产品引起了其身体健康上的损害。[150] 其中较有影响的一个诉讼，是由20000名原告起诉 7 家化工企业，最后以 1.8 亿元的赔偿而告

---

〔150〕 In re "Agent Orange" Products Liability Litigation, 635 F. 2d 987 (Court of Appeal 2d Cir. 1980)

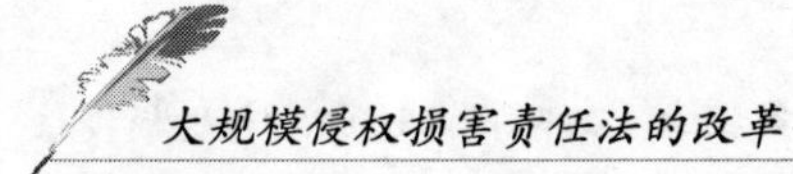

终的案件。[151]

在“西班牙有毒食用油案”[152]中，廉价的食用油中被混入有毒物质，造成数百人患上不治之症，甚至死亡。只要未标明产地的食用油被投放到市场，或者消费者无法提供卖方信息，受害者就陷于举证困难，因为他无法证明哪家生产企业无所顾忌地生产有毒食用油的行为，需要对消费者的严重身体损害负法律责任。为了平息民怨[153]，西班牙立法者于 1984 年 7 月 19 日在《消费者保护法》（Spanisches Verbraucherschutzgesetz）[154]中增加了一个特殊规定。该法第 30 条规定，政府在组织受害人与消费者协会的听证后，应采取必要行动或措施建立强制保险体系或者保障基金，对由于该法第 28 条中的“缺陷产品”造成的人

〔151〕 Hülsen，Hans-Viggo/ Brüning. Brinkmann，Töns，Produkthaftung USA 1983/ 84，in：RIW 1985，S. 187 – 194，192.

〔152〕 刑法上的解决途径见：T. S（Tribunal Spremo）23. 4. 1992，RAJ 1992 Nr. 6783，8827；对这个尤其全面详尽的司法判例所作的德语版本的摘要，见：VersRAI 1993，S. 28 – 29.

〔153〕 Parra Lucan，M. a Angeles，Daños por productos y porteccíón de consumidor，Barcelona 1990，S. 97；Fröhlingsdorf，Josef，Das neue spanische Verbraucherschutzgesetz，in：RIW 1985，S. 99 – 104，99.

〔154〕 Gesetz Nr. 26/ 1984-Ley General para a defensa de los consumidores y usuarios v. 19. 7. 1984，BOE Nr. 176 v. 24. 7. 1984.

身伤害（中毒、受到身体伤害以及死亡）进行赔偿。

在德国司法实践中，关于产品责任的案例主要有“皮革喷雾剂案”（Lederspray-Fall）和“木制家具保护剂案”（Holzschutzmittelfall）[“鸡瘟案”（Hühnerpestfall）[155]不在此列，因为没有其他养殖场主发生类似损害结果，因而不属于大规模侵权案件]。在“皮革喷雾剂案”[156]中，许多人由于使用这种喷雾身体受到不同程度的伤害。“木制家具保护剂案”[157]则是关于消费者在居室内使用这种保护剂，而其中的有毒气体影响人体健康的案件。

第二节　现　行　法

一、归责的法律基础

1. 合同法上的责任基础

合同法责任在缺陷产品造成的大规模侵权领域基本上不发挥作用。因为合同法责任以产品制造者和受

---

〔155〕 BGH 26. 11. 1968, BGHZ 51, S. 91.

〔156〕 BGH 6. 7. 1990, BGHSt 37, S. 106ff.

〔157〕 BGH 2. 8. 1995, NJW 1995, S. 2930ff.

害者之间存在合同关系为必要前提。而这一点在工业化大规模生产中往往无法满足。因为现在的工业生产程序中，产品需要经过层层销售最后才到最终消费者手中。

2.《德国产品责任法》（Produkthaftungsgesetz）上的责任

在《德国民法典》第 823 条第 1 款这一传统的产品责任规定之外，德国又于 1990 年 1 月 1 日颁布实施《德国产品责任法》〔158〕，该法是为了转化当时欧共体“产品责任指令”〔159〕而产生的。

该法第 1 条第 1 款规定了我们通常所称的投入流通的产品的“危险责任”〔160〕的概念。因产品存在缺

---

〔158〕 1989 年 12 月 15 日通过的《德国产品责任法》，BGBl. 1989 I, S. 2198.

〔159〕 《欧共体产品责任指令》是当时的欧洲经济共同体为了统一各成员国产品责任法和相关行政法规，欧共体理事会于 1985 年 7 月 25 日全体通过的一部法律。Amtsblatt der EG vom 7. 8. 1985 Nr. L 210/29。

〔160〕 Larenz, Karl/ Canaris, Claus-Wilhelm, Lehrbuch des Schuldrechts, Band 2, 2. Halbband, 13. Auflage, München 1994, § 84 VI 1 a; Diederrichsen, Uwe, Zur Dogmatik der Produkthaftungsgesetzes, in: Probleme der Produzenthaftung, Essen 1988, S. 12f.; Deutsch, Erwin, Fallgruppen der Produthaftung: gelöste Probleme, in: VersR 1992, S. 521 – 527, 523; Rolland, Walter, Produkthaftungsrecht, München 1990, § 1, Rn. 4ff.

陷，造成他人人身损害以及缺陷产品以外的财产损失的，产品制造者应当承担赔偿责任。依据第1条第2款第5项的规定，将产品投入流通时的科学技术水平尚不能发现缺陷存在的，产品制造者不承担赔偿责任［所谓的“开发风险”（Entwicklungsfehler）］。由于制造、设计中的原因或者警示说明不充分的，产品制造者也应当承担赔偿责任。设计缺陷（Konstruktionsfehler）会影响到整个批次的、依照同样设计图纸所生产的产品。而制造缺陷（Fabrikationsfehler）在生产具体产品时才出现，因而只影响到单个产品。残次品，即那些尽所有合理的、可能的预防措施仍然无法避免的产品也属于制造缺陷。错误或者不充分的警示说明构成警示说明缺陷（Instruktionsfehler）。产品具有危险性，必须附上说明警示信息。警示说明缺陷可以致使本身无缺陷的产品成为有缺陷。除此之外，还存在一种独立的缺陷，即产品检测缺陷（Produktionsbeobachtungsfehler）。它不同于以上三种缺陷，是关于

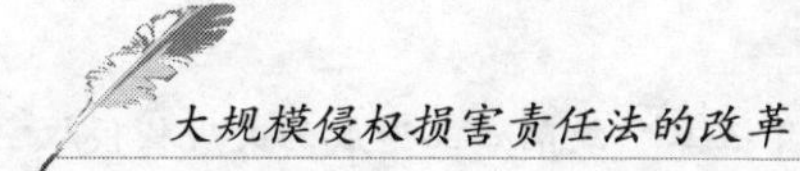

已经投放市场后的产品的监督缺陷。[161]依据第1条第2款第5项的规定的免责条件，即将产品投入流通时的科学技术水平尚不能发现缺陷存在的所谓的“开发风险”仅适用于设计缺陷，而不包括残次品。[162]因为残次品属于制造缺陷，制造缺陷的判断标准，不是看制造者是否“认识和发现缺陷”，而是如何“避免缺陷”，所以制造缺陷的产生完全是由于从事生产和制造行为者的责任。[163]

尽管《德国产品责任法》也规定了财产损失的赔偿，但仅仅指缺陷产品以外的财产损失，并且主要是受害人对其进行了使用，该财产还必须满足依其本身的性质主要为私人使用或消费目的服务。因而，即使著名的“鸡瘟案”[164]发生在现在，也只能援引《德国民法典》的规范，因为接种疫苗用于经营目的。《德国产品责任法》第11条规定了在财产损失情况

---

〔161〕 Taschner, Hans Claudius/ Frietsch, Edwin, Produkthaftungsgesetz und EG-Produkthaftungsrichtlinie, 2. Auflage, München 1990, § 3, Rn. 67ff.

〔162〕 BGH 9. 5. 1995, BGHZ 129, S. 353, 357ff.

〔163〕 Larenz/ Canaris,（见脚注160）, § 86 VI 1 b

〔164〕 BGH 26. 11. 1968, BGHZ 51, S. 91

下，受害人自己必须承担1125马克。最高责任限额依照第10条的规定为1.6亿马克。该法也规定了只有财产损失可以受到赔偿，受害人的精神损害赔偿请求不被支持。

《德国产品责任法》第4条确定赔偿义务人的范围：最终产品、原料、半成品的制造者，将自己的名字列入制造者的所谓的“准制造者”、在欧洲共同体条约适用范围内进口商品的进口商。第4条第3款规定了在产品制造者无法确定的情况下销售者的补偿责任。在“DES案”中，第4条第3款中的销售者责任是否只有在自始的生产厂家信息缺失的情况下才适用的观点，有待商榷。后续的生产厂家信息缺失（产品制造者印刷标记因为使用而不可辨认，使用者丢弃了印有产品说明的包装）不能归责于销售商。首先，从字面上看，第4条第3款的规定中作为构成要件的“产品制造者无法查明”应该客观地加以理解，即以制造者将产品投放市场时的情况来判断，制造者是否可以查明。[165]另外，第4条第3款中的销售者责任又应该以产品通过该销售者投放市场的时间为准，因为只有到这个时间点，销售者才可以采取必要的措施，用文件证明资料表明产品来源。[166]最后，该条款的立法目的也并不在于对受害者确认产品制造者的举证责任的免除。[167]

3.《德国药品法》(Arzneimittelgesetz) 上的责任[168]

在本章开始就提及了关于药品制造者责任的主要案例。《德国药品法》第84条以及之后条款作为《德国产品责任法》第15条第1款的特殊法，规范了在药品领域的侵权责任，排除《德国产品责任法》的适用。但是要注意的是，《德国药品法》第15条第1款的定义中所不包括的药品造成损害结果的，例如顺势疗法的药物，适用《德国产品责任法》。[169] 为了应对处

---

〔165〕 Taschner / Frietsch，(见脚注161)，§ 4，Rn. 69；Schmidt-Salzer, Joachim/Hollmann，Hermann H.，EG-Richtlinie Produkthaftung，Band I，Heidelberg 1986，Art. 3，Rn. 294.

〔166〕 Taschner / Frietsch，(见脚注161)，§ 4，Rn. 69.

〔167〕 Taschner / Frietsch，(见脚注161)，§ 4，Rn. 69.

〔168〕《药品交易法》1994年10月19日公布的版本，BGBl. 1994 I，S. 3018

〔169〕 Rolland，Walter，Zur Sonderstellung des Arzneimittelherstellers im System des Produkthaftungsrechts，in：Festschrift für Werner Lorenz，Tübingen 1991，S. 193–212，198f.；Rolland，Walter，(见脚注160)，§ 15，Rn. 18，19ff.

理“康特甘”案，立法者颁布了《德国药品法》。[170]《德国药品法》第 84 条为制药企业设定的是一个危险责任。[171] 企业经过许可将药品投入市场，由于药物的使用造成死亡或轻伤以上的身体伤害，并且药物在按照规定使用的情况下仍具有超过了医学上允许范围的有害性，这种有害性是在开发和生产过程中已经存在的，则制药企业要对损害结果负危险责任。损害结果是由于不符合医学规定的标注、专业信息以及使用说明造成的情况亦同。

《德国药品法》第 84 条第 2 句第 1 项的危险责任不仅包括开发缺陷，也包括设计缺陷和制造缺陷。第 84 条第 2 句第 2 项规定的是警示说明缺陷。[172] 设计缺陷影响到整个批次的药品。而制造缺陷主要指残次品（例如，疫苗制剂受细菌感染），或者生产产品的成分或半成品有缺陷以及成分配制剂量发生偏差。[173]“开发缺陷”是指将药品投入流通时，当时的科学技术水

---

〔170〕 Rolland,（见脚注 160）, § 15, Rn. 9.

〔171〕 Etmer/ Bolck, Arzneimittelgesetz, Band I, Stand: 1. 5. 1997, § 84, Anm. 2c; Rolland,（见脚注 160）, § 15, Rn. 9.

〔172〕 Etmer/ Bolck,（见脚注 171）, § 84, Anm. 5a bb.

〔173〕 Etmer/ Bolck,（见脚注 171）, § 84, Anm. 5a cc.

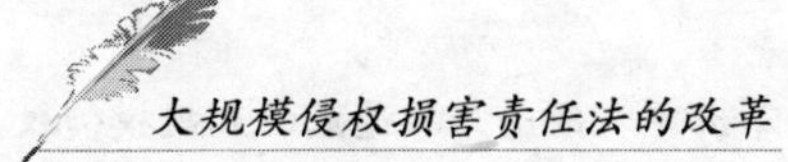

平尚不能发现缺陷存在。残次品〔174〕，即那些尽所有合理可能的预防措施，〔175〕仍然无法避免而生产的缺陷产品；如果是由于生产产品的成分或半成品有缺陷的情况，这里的“残次品”是指尽管已经按照规定执行了检验，仍然无法发现而生产的缺陷产品。对于“残次品”、“因生产产品的成分或半成品有缺陷而造成成品有缺陷”、“开发缺陷”〔176〕，《德国药品法》都给予了侵权法上的保护。

《德国药品法》第 84 条和《德国产品责任法》第 1 条的最主要区别在于对“开发缺陷”的规制。不同于《德国产品责任法》第 2 款第 5 项的规定，以哪个时间点来确定《德国药品法》第 84 条第 2 款第 5 项的“当时医学发展的水平”，在《德国药品法》中，条文本身并没有规定。要注意的是，第 84 条的标题是“危险责任”，说明立法者希望在这里规定一个比

〔174〕 Rolland，（见脚注 160），§ 15，Rn. 11；Etmer/ Bolck，（见脚注 171），§ 84，Anm. 5c aa.

〔175〕 BGH 21. 4. 1956，VersR 1956，S. 410，411；BGH 5. 7. 1960，VersR 1960，S. 855f.

〔176〕 BGH 17. 10. 1967，NJW 1968，S. 247ff.；Etmer/ Bolck，（见脚注 171），§ 84，Anm. 5c aa.

较严格的责任，而且《德国药品法》的颁布也恰恰是为了应对处理“康特甘”案，该案涉及的就是开发缺陷的问题。所以判断时，应该以主张权利的时间点为准。〔177〕尽管如此，责任也不能因此而无限地被扩展。尽管从责任法角度来看，在主张权利的时间点，所有因药物有害作用受到侵害的受害人都有权请求损害赔偿，然而在认定开发缺陷时，还需满足一个重要条件，即对药物的疗效和副作用进行权衡，而评价两者的时间点应该确定在制造者将药物投放市场之时。重要的评价标准是，要取决于在投放市场时药物的有害性如果已经被认知，但同时又考虑到当时市场上其他药物的疗效和副作用，相较之下药物可能会导致的损害结果是否还处在可以被容忍的范围内。如果当时存在同样或类似疗效的药物，但是没有副作用，则可以认定缺陷存在。但另一种情况，如果是在药品投放市场后，又出现了副作用更小，或者鉴于其他原因对患者治疗更为有利的药物，但是副作用较大的药物的使用在当时的医学发展水平上来看是合理的，则产品制

〔177〕 Palandt-Thomas, BGB, 56. Auflage, München 1997, §15 ProdHaftG, Rn. 2; Etmer/ Bolck,（见脚注171）, § 84, Anm. 5c aa.

造者不用负《德国药品法》第84条上的责任。换言之，如果以当时的医学发展水平分析，不会以副作用更小的药物完全取代较大副作用的药物，则产品制造者不用负《德国药品法》第84条上的责任。〔178〕

通说认为〔179〕，《德国药品法》第84条第2款第1项规定的是在将药品投放市场之时，制药企业违反了第84条第2款第2项中的警示说明义务的警示说明缺陷。并且，第84条第2款第2项规定的是一个违反注意义务的客观责任。〔180〕该观点还认为，药品的有害性仅在特定人群中发生，而非普遍对所有患者都是如此的情况，也包括在该条款中，产品制造者需标注在投放市场时的医学水平所要求的警示说明。〔181〕由此，

---

〔178〕 Larenz/ Canaris，（见脚注160），§ 84 VI 2 b；Deutsch，Erwin，Das Arzneimittelrecht im Haftungssystem，in：VersR 1979，S. 685 -691，687；Rolland，（见脚注160），§ 15，Rn. 38.（“损害发生的时间点”）

〔179〕 Larenz/ Canaris，（见脚注160），§ 84 VI 2 b；Kullmann，Hans Josef/ Pfister，Bernhard，Produzentenhaftung，1. Band，Berlin，Stand：Juni 1997，Kz. 3800，C. I. 2. a）dd）.

〔180〕 BGH 24. 1. 1989，BGHZ 106，S. 273，282；OLG Celle 27. 6. 1983，VersR 1983，S. 1143；Deutsch，（见脚注178），S. 688；Rolland，（见脚注160），§ 15，Rn. 43；Kullmann/Pfister，（见脚注179），Kz. 3800，C. I. 2. b）ee）.

〔181〕 Deutsch，（见脚注178），S. 688；

第84条第2款第2项上的责任就会比第84条第2款第1项减轻许多。然而这样的区分并不具有说服力。无论在《德国药品法》的条文本身中，还是从立法目的来看，都无法找出需要区别加以规则的根据。〔182〕以“康特甘”案为例，从当事人的利益来考虑，这样的处理结果也并不合理。理由是：无论对制药企业，还是对患者来说，无论损害结果是由于药物的有害性因而不得投放市场，或者仅仅是由于警示说明上的问题而造成，例如没有标注孕妇服用应注意的问题所造成，没有区别。

《德国药品法》没有对“与有过错”的问题做出规定（比较《德国产品责任法》第11条的规定），而是选择了轻微伤害的责任排除的模式（见《德国药品法》第84条）。〔183〕不同于《德国产品责任法》和一般侵权法上的产品责任，《德国药品法》不赔偿财产损失。此外，《德国药品法》在对人的保护范围上也存在一定的不足。《德国产品责任法》不仅保护产品使用人，也保护第三人，例如车子的所有人和车上的

---

〔182〕 Deutsch，（见脚注178），S. 688；

〔183〕 Larenz/ Canaris，（见脚注160），§ 84 VI 2 b.

乘客因汽车本身缺陷造成事故而受伤的，都有权请求《产品责任法》上的损害赔偿。而《德国药品法》只保护药品使用者。〔184〕根据法条原文推导，受到药品使用者传染的第三人不享有第 84 条上的请求权。由于受艾滋病病毒感染的血液制品造成损害结果的案例中，往往涉及第三人（例如，配偶）。《德国民法典》第 823 条第 1 款和《德国产品责任法》都没有在人的保护范围上做出限制。联邦最高法院在判例中指出〔185〕，药品的有害性导致的疾病患者，又把疾病以侵权法上认可的可以引起责任的方式，传染给第三人的，导致第三人健康因此受到损害的，第三人可以依《德国民法典》第 823 条第 1 款的规定请求损害赔偿。在案例中，联邦最高法院也通过“表见证明”减轻了受害人的举证责任：如果患者不属于高患艾滋病人群，他的生活方式也不会导致其患艾滋病的几率升高，但是接

〔184〕 Rolland，（见脚注 160），§ 15，Rn. 14.

〔185〕 Larenz/ Canaris，（见脚注 160），§ 84 VI 2 c；Deutsch，（见脚注 178），S. 689；Deutsch，Der Schutzbereich der Produzentenhaftung nach dem BGB und dem PHG（ProdHaftG），in：JZ 1989，S. 465 -470，467；Taschner / Frietsch，（见脚注 161），Rn. 21；Kullmann/Pfister，（见脚注 179），Kz. 3800，C. I. 2. b）aa）.

受了混有艾滋病人血液的血液制品，而同样接受这些血液制品的患者已经确诊传染艾滋病，则可以援引表见证明，认定患者也是由于接受了此类血液制品而受感染。如果其配偶也感染艾滋病，则也可以援引“表见证明”，推定是由同样原因所造成。[186]

和《德国产品责任法》一样，《德国药品法》并没有规定精神损害赔偿的问题。《德国药品法》第88条规定了最高赔偿限额。致人死亡或者受伤的最高赔偿限额是100万马克，或者每年6万马克的定期金。造成多人死亡或受伤情况的最高限额为2亿马克或者每年1200万马克的定期金。另外，《德国药品法》第94条为制药企业设定了“赔偿准备金”义务，准备金数额以赔偿最高限额为准。[187] 这个制度是为了保证制药企业资不抵债情况下受害人仍可以获得赔偿。实践中这个“赔偿准备金”义务通常是通过签订责任保险合同来实现的，以赔偿最高额为保险金额。从数额（2亿马克）上看，单个保险公司独立完成的责任

[186] BGH 30. 4. 1991，BGHZ 114，S. 284，289f.

[187] BGH 30. 4. 1991，BGHZ 114，S. 284.

保险的情况排除。[188]因此保险程序分为两个步骤，首先由一个保险公司承保 100 万马克，超过这个基数至 2 亿马克的部分由所谓的“制药业联合体”来负责，这是一个再保险联合体，即于依照 1976 年 10 月 8 日共同签署的协议而设立的制药业再保险协会。由作为协会成员的各个保险公司共同负责另 1.9 亿马克的赔偿。[189]

4.《德国民法典》第 823 条第 1 款上的责任

《德国产品责任法》第 15 条第 2 款规定：其他法律上的产品侵权责任，即《德国民法典》第 823 条第 1 款上的产品责任不受影响。也就是说，产品责任领域立法者采用的是“双轨制”的原则，即这个领域的侵权责任既包括“危险责任”，也包括补充的过错责任。依据《德国民法典》第 823 条第 1 款的规定，产品制造者要因其过错行为对投入市场的缺陷产品造成的侵权负责。这里的侵权责任也包括设计责任、生产责任和警示说明义务违反的责任。如果可以证明损害结果是由于产品瑕疵所引起，则推定产品制造者有过

〔188〕 Etmer/ Bolck，（见脚注 171），§ 94，Anm. 2d.

〔189〕 Etmer/ Bolck，（见脚注 171），§ 94，Anm. 3.

失。[190] 尽管出现了残次品[191]，或者如果是由于产品制造者采购的生产产品的成分或半成品有缺陷的情况，则是尽管已经按照规定执行了检验，仍然无法避免生产的缺陷产品[192]，还有开发缺陷[193]的情况，只要产品制造者的行为没有过失，则依据《德国民法典》第823条第1款的规定，产品制造者不负责任。但是从另一方面看，该条款没有最高责任限额的设定，满足一定构成要件的情况下还可以依据第847条请求精神损害赔偿。

二、大规模侵权中的替代因果关系问题

"DES案"表明，大规模侵权案件中，不仅受害者人数众多，而且往往存在大量可能以自己行为造成损害结果的侵害人。各侵权人独立于其他人实施了一个作为或者不作为，而仅以此作为或者不作为就可以引起损害事实的发生。依据现行法，只有当受害人可以举证证明，损害结果是由于某个特定行为所引起，

[190] BGH 26.11.1968，BGHZ 51，S.91 mit Richtigstellung in BGH 17.3.1981，BGHZ 80，S.186，196f.

[191] Larenz/ Canaris，（见脚注160），§ 75 II 3 d.

[192] BGH 17.10.1967，NJW 1968，S.247ff.

[193] Palandt-Thomas，（见脚注174），§823，Rn.209.

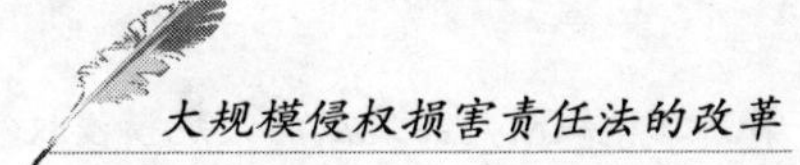

才可以请求损害赔偿。而这恰恰是问题症结所在。因为受害人往往仅能证明损害事实是由生产这类药品的制造者所造成，至于具体哪一个生产企业则无法查明。这样的情况下，依照《德国民法典》第 830 条第 1 款第 2 句的规定来处理。

《德国民法典》第 830 条第 1 款第 2 句也适用于危险责任的情况。因为使受害人从举证困难的困境中摆脱出来的立法目的，并不取决于侵权人所负责任为“危险责任”亦或“过错责任”。[194] 一直以来该条款都适用于饲养动物引起损害的侵权类型，而对于新型的危险责任，没有理由做出区别对待。

但是值得注意的是，第 830 条第 1 款第 2 句只有在造成损害事实的所有参与者中孰人真正地引起了损害结果的确无法确定的时候，才得以适用。如果法院坚持这个构成要件作为判断标准，即依照日常生活经验，各个侵权人的具体作为或者不作为必须作为一个

---

〔194〕 BGH 27. 5. 1987, BGHZ 101, S. 106, 111; BGH 23. 9. 1969, VersR, S. 1023, 1024; BGH 15. 12. 1970, NJW 1971, S. 509, 510.

整体行为过程的环节，共同地造成了损害事实〔195〕，第830条第1款第2句才可以被援引，则“DES案”类型中受害人的请求将因不符合此标准而得不到支持。各生产厂家并非共同侵权人，共同作为一个整体行为过程的环节，造成了损害结果的产生。因为他们并非共同地、同时地生产致害的药物，也根本无法确定原告方的母亲的健康损害是由于被告众多生产厂家中其中之一生产的药品所造成。因为经过漫长的潜伏期，当副作用症状出现时，许多生产同类产品的企业部分已经退出市场；因而有可能的情况是，真正的行为人根本已经不存在，请求权也因此而消灭。受害人希望援引《德国民法典》第830条第1款第2句的规定来得到赔偿的希望很小。

---

〔195〕 RG 30. 6. 1904, RGZ 58, S. 357, 361; RG 11. 6. 1908, WarnR-spr. 1908, Nr. 633; RG 11. 1. 1909, JW 1909, S. 136, Nr. 11; RG27. 10. 1936, JW 1937, S. 462, Nr. 4; BGH 1. 10. 1957, BGHZ 25, S. 271, 274; BGH 15. 11. 1960, BGHZ33, S. 286, 291ff.; BGH 22. 2. 1968, LM BGB §830, Nr. 11; BGH 15. 12. 1970, BGHZ 55, S. 86, 92f., 95.

第三节 立法建议

一、《荷兰民法典》上的替代因果关系的规则 (Die alternative Kausalität im niederländischen Burgerlijk Wetboek)

在缺陷产品造成的大规模侵权案件中，最具代表性的还是药物致人损害的案件，德国侵权法的规定显现出很大程度上的不足。在法国血库血液传播艾滋病毒丑闻爆发后，德国联邦议会也组成了专门调查委员会，来起草相关规定。〔196〕

对“DES 案”类型案件做出全面具体规定的一种模式是，借鉴《荷兰民法典》上的替代因果关系的规则，在《德国民法典》或者《德国药品法》中做出类似规定。《荷兰民法典》第六编第 99 条规定如下〔197〕：

两个或两个以上事件造成损害结果，每一个事件

〔196〕 见第 12 届联邦议会的“血液和血液制品传播艾滋病毒案例”第三调查委员会：BT-Drucks. 12/8591；另参见各部为处理药品责任问题专门成立的联合工作组的报告，in：BR-Drucks. 1012/96.

〔197〕 Nieper/ Westerdijk，《荷兰民法典》，第 6 卷，Bücher 7 und 7A，München 1995，S. 43.

均由多个侵权人引起，可以确认损害至少是因事件之一所致之情形，每个侵权人都负有损害赔偿义务，但是能证明损害不是因其行为所致的除外。

这个条款在实践中也得到了适用。6 位“DES 案”的原告向 10 家制药企业提起已经遭受以及还可能遭受的损害赔偿之诉。荷兰最高法院在这个轰动性的案子中适用了《荷兰民法典》第六编第 99 条规定，判决所有被告企业作为共同侵权人对原告的损失负连带责任。[198]

《荷兰民法典》第六编第 99 条的规定不要求“共同参与”这一构成要件。不同于《德国民法典》第 830 条第 1 款第 2 句，第 99 条在共同侵权人得证明责任减轻或免除的情形时仍然适用。但是这并不排除该侵权人向其他共同侵权人追偿。[199] 各有可能造成损害的共同侵权人必须举证证明，损害结果不是由他所

---

〔198〕 Hoge Raad（HR）9. 10. 1992，Niederlandse Jurisprudentie（NJ）1994，Nr. 535 = Rechtspraak van de week（RvdW）1992，Nr. 219；Einzelheiten bei v. Bar，Christian，Gemeineuropäische Deliktsrecht，Band I，München 1996，Rn. 60；Klinge-van Rooij，Ingrid/ Snijder，Ellen，Auf dem Weg zu einem neuen Produkthaftungsrecht，in：EuZW 1993，S. 569－573，569ff.

〔199〕 Hoge Raad，（见脚注 198）.

参与的事件所造成。这是一个非常有吸引力的模式；问题是它在德国是否可以得到足够的法律政策评价上的肯定。但至少我们必须清楚一点，《荷兰民法典》的规制模式要比所谓的“市场份额责任”理论要好很多。

二、美国法上的“市场份额责任”理论（Market-share-liability）

在审理“DES案”类型案件时，美国的法院得出了大相径庭的结论。最为著名的是由加利福尼亚最高法院发展出来的“市场份额责任”理论。[200]这个理论认为那些母亲服用的是哪一家制药企业的药品的可能性很大程度上和各生产企业在市场上所占的份额一致。这些制药企业作为共同被告，在其各自所占有的市场份额范围内对原告的损害承担赔偿责任，除非被告可以证明，他的行为和损害结果没有因果关系。损害赔偿份额的确定要通过市场调查来完成。当然对于这个理论，这里只做非常简要的介绍，我个人还是认为，这个理论并非令人满意的解决方案。

〔200〕 Z. B. Sindell v. Abbot Laboratories, 607 P. 2d 924 (Sup. Ct. of California 1980).

"相关市场"的确定必须考虑具体产品的市场份额以及时间上的关联，除了在这里实践上会出现很大问题外，不同于《荷兰民法典》第六编第99条规定，依照"市场份额理论"，侵权企业破产或者已经不存在的风险也将由受害人来承担。此外，受害人还要将尽可能多的生产企业列入被告项中，这样才可以获得更高额的赔偿。从对受害人的保护角度来看，"市场份额理论"的借鉴，有待商榷。

三、因医疗事故间接受到传染的第三人，自身的法益直接受到侵害，该第三人能否纳入《德国药品法》第84条第1句的适用范围的问题

间接受传染的第三人不在《德国药品法》的保护范围之内。从法律政策上考虑，这样的规定让人费解，因而应该做出修正。受到带有艾滋病毒污染的血液制品的使用者，又将疾病传染给第三人，满足了"危险实现"这一要件。正如德国联邦议会的专门调查委员会在报告中所指出的那样[201]，《德国药品法》并没有一概拒绝对所有间接受害人给予法律保护。该

〔201〕 见脚注196，S. 258.

法第6条第1款，第12条第1款，第28条第2款第1项a，第48条第2款款第1项a和b，第56a条第2款，第60条第3款以及第79条第1款都有对于间接受害人给予保护的明文规定。然而为了防止受害人范围的无限扩大，在《德国药品法》第84条中应该做出限制规定，例如，仅限于配偶和共同生活伴侣。

四、危险责任中的精神损害赔偿

在因血液制品感染艾滋病病毒引起致命疾病这一类典型的案件中，就存在巨大的精神损害和创伤。现行法中的缺陷也再一次暴露出来，在特殊的危险责任领域中，受害人无法依此得到精神损害赔偿的规定，显得非常不合理，亟待改善。从宪法角度来看，在危险责任领域中排除精神损害赔偿请求权的做法，在法理结构上也是不合理的。尤其在产品责任领域显现得更为明显。[202] 目前，这样的规定在欧洲范围内都遭到摒弃，我个人认为至少在产品责任领域德国法应该尽快从这种独树一帜中摆脱出来。[203] 如果可以对危险

---

〔202〕 详见 v. Bar，Christian，Der Einfluss des Verfassungsrechts auf die westeuropäischen Deliktsrechte，in RabelsZ 59（1995），S. 203 – 228，218ff.

〔203〕 详见 v. Bar，Christian，（见脚注 198）.

责任的精神损害赔偿进行整体调整，而不是仅仅在产品责任领域或者药品法领域作改动，当然更好。因为仅仅在《药品法》或者《产品责任法》领域的这类特殊危险责任中做出规定，缺乏立法上的合理性和正当性。

五、责任的最高限额

同样的问题还在于责任的最高限额的设定上。在引入精神损害赔偿请求权的同时，我们必须考虑到，精神损害赔偿和物质损害赔偿一起受到最高限额的限制，所以至少需要对责任的最高限额作必要调高，或者将最高限额条款完全删除，后者也是更为合理和必要的。因为在《德国药品法》之外的危险责任领域的赔偿限额从规定至今已近 20 年之久。这里多部法律都亟待做出修正。

六、赔偿基金的引入

在无法查明（替代）因果关系以及药品没有经过许可或者没有提供“赔偿金准备金”的情况下就投放市场的案件中，当然也可以考虑设立基金的形式让制药企业共同负责。但是这会引起不必要的资金和人员组织的浪费。在我看来，《荷兰民法典》第六编第 99

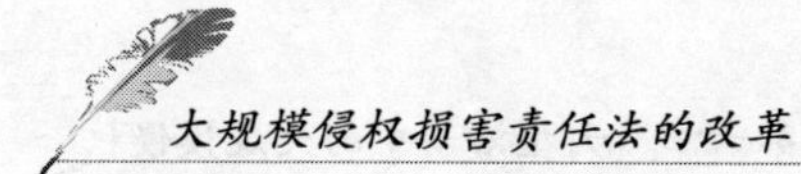

条的规定比设立基金的方式更值得借鉴。因为在受害人无法得到赔偿的情况下，采用设立赔偿基金的方式会产生那些行为合法的企业必须为他们的同行由于不良行为造成的损害结果买单的状况。换句话说，我还是比较倾向于在现有的损害赔偿法体系中去寻求解决方案，而不是求助于基金。

第六章　大型活动中的大规模侵权

第一节　足球赛事中的悲剧

重要的足球赛事中观众大规模受伤的事件也屡有发生。让我们心有余悸的是在英格兰谢菲尔德联队的主场希尔斯堡体育馆发生的惨案，造成 95 人死亡，多人重伤。在之后要介绍的案例中，原告不仅亲临球场观看比赛，之后又在家中通过电视再次目睹了惨剧的全过程。[204] 另一个悲剧发生在 1985 年 5 月 29 日，英国利物浦队和意大利尤文图斯队在比利时首都布鲁塞尔海瑟尔体育场争夺欧洲足球协会俱乐部冠军杯赛的冠军。由于英国球迷闹事，酿成了一场 39 人死亡、

〔204〕 Alcock and Others v. Chief Constable of South Yorkshire Police [1992] 1 AC 310 (HL); frost and others v. Chief Constable of South Yorkshire Police [1997] a AllER 540 (CA).

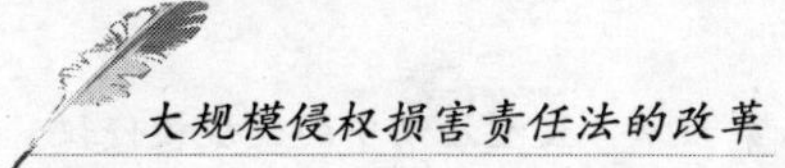

400多人受伤的惨剧。[205]这些闹剧已经不足为奇。1902年，在伊布罗克斯球场举行的英格兰队和苏格兰队的比赛中，就发生了25人死亡的悲剧。[206]

第二节 法律问题

一、精神打击（Schockschäden，nervous shock）损害赔偿责任

在Alcock等人诉南约克郡警察局长官一案[207]中，涉及的主要问题是：原告在足球场或者在观看直播时，受到精神惊吓，是否可以以及在何种程度上可以主张损害赔偿。在这类案件中我们面临的问题是，由于他人的死亡或者受伤，原告遭到了精神上的打击的损失，是否可以给予损害赔偿以及损害赔偿请求权的构成要件是什么。死者家属突然受到严重精神打击，

---

〔205〕 Bruxelles 26. 6. 1990，RGAR 1991 nr. 11759.

〔206〕 Schiels，Robert S.，The Ibrox Disaster of 1902，in：The Juridical Review 1997，S. 230 – 240；有关其他案例的摘要见：Stein，Holger，Haftungsrechtliche Folgen von Zuschauerauschreitungen bei Massensportversanstaltungen，Köln 1992，S. 381ff.

〔207〕 见脚注204。

轻则失去了生活乐趣、有过激的反应或者引发神经官能症，重则导致精神疾病的情况，是否可以获得赔偿的问题。这里的精神打击并不是指直接受害人发生有生命危险的休克（例如，由于大量失血造成的失血性休克），也不是指在直接参与事故的人（例如，坐在副驾驶的乘客）虽然身体外部没有受伤，但是由于血压下降和脉搏减缓，出现血液循环中断的严重症状，这些不属于本章节中所要讨论的精神打击损害。

《德国民法典》第 823 条第 1 款上的责任要成立，受害人必须证明其所受的精神打击造成他健康状况受到侵害。很多提起精神打击损害赔偿的请求权人就无法证明该要件。德国联邦最高法院对这一问题做出基础性判决是关于这样一个案例〔208〕：50 岁的原告向法院起诉，因她 64 岁的丈夫在一次事故中身体严重受伤，最后不幸死亡，在得知丈夫去世的消息后“精神上受到重大打击，举止性格异常，出现了意志消沉、烦躁不安、失眠、嗜酒以及稍有情绪激动就身体发抖的症状”，要求损害赔偿。联邦最高法院认为，“以日

〔208〕 BGH 11. 5. 1971，BGHZ 56，S. 166.

常生活经验判断，由于至亲挚爱的人去世严重影响到整体的健康状况是比较常见的情况……因而不足以成为独立的损害赔偿的请求权基础。[209]”法院还认为，这样的请求权以精神病理学上的影响和后果为构成要件。原告的请求要获得支持，必须说服上诉法院，在得知丈夫去世的消息后，受到的精神打击超过了一般人所会经受的痛苦、悲伤和意志消沉，并且引起了精神健康上和心理健康上‘创伤性’的破坏。”[210] 可见，要构成《德国民法典》第 823 条第 1 款上的责任，对直接受害人健康的破坏从形式上和程度上都必须明显超过以日常生活经验判断常人在失去至亲时的痛苦。[211] 此外，依据现行法，精神打击损害赔偿的构成要件还包括精神打击必须是由于一个所谓的对身体或健康造成的“主侵权事实”导致。换言之，德国

---

〔209〕 BGH（见脚注 208），S. 166.

〔210〕 BGH（见脚注 208），S. 167.

〔211〕 BGH 4. 4. 1989， VersR 1989， S 853， 854； OLG Stuttgart 21. 7. 1988， NJW-RR 1989， S. 477， 478； OLG Köln 21. 11. 1988， VersR 1989， S. 519.

联邦最高法院的观点是[212]，精神上所承受的痛苦必须是由身体完整性受到侵害所造成，或者被确定因此患精神疾病，才可以构成第823条第1款上的侵权责任。而且只有近亲属和有亲密关系的人才可以请求损害赔偿。[213]共同生活伴侣是否也在请求权人范围内尚有争议。[214] 另外，精神打击从其产生原因上判断还必须是符合情理的。在死亡和造成重伤案件中都可能发生精神打击损害赔偿。[215]

德国法并没有采用“适当性检验”（Adäquanztest）

---

〔212〕 BGH 30.4.1996, VersR 1996, S.990；BGH 5.2.1985, BGHZ 93, S.351, 355－356；BHG 12.11.1985, VersR 1986, S.240；其他一审法院的判决见：LG Heilbronn 16.11.1993, VersR 1994, S.443；LG Gießen 7.10.1986 und LG Verden 4.3.1982（以上两个案例都援引了 Rohe, JZ 1994, S.465, 468 [Anm. zu dem Sperma-Urteil des BGH]）

〔213〕 联邦最高法院的基本立场见判决：11.5.1971, BGHY 56, S.163, 170.。然而在第173页中法官同时指出：在满足一定条件的情况下，与在事故中去世者无亲属关系亦无其他亲密关系的人也可以成为精神打击的损害赔偿请求人，但本案中没有其他事实线索来证明。

〔214〕 持赞同观点的：LG Frankfurt 28.3.1969, NJW 1969, S.2286.

〔215〕 见 BGH 5.2.1985, BGHZ 93, S.351, 355－356.

这个路径来解决精神打击的损害赔偿问题〔216〕，也没有采取类似丹麦判例〔217〕中一贯坚持的以原告本身是否也身处事故中作为区分标准的原则，而是以健康受到侵害的程度来判断是否可以得到精神打击损害赔偿。总得来说，我个人认为这是一个比较明智的折中做法〔218〕。

二、大型活动中的安全保障义务

在判断是否构成《德国民法典》第 823 条第 1 款要件时，“安全保障义务的违反”扮演着一个极其重要的角色。该理论的合理性在于，行为人在他的责任范围领域从事营业的同时也制造了危险，或者维持了

---

〔216〕 这个路径仅在“确定精神打击的损害赔偿请求人”时发挥作用，在 BGH 11. 5. 1971.（见脚注 208），这个判决第 170 页中，法官正确地指出：“如果原告在得知与其无亲密关系的人在事故中去世的消息后，与得知近亲属和有亲密关系的人去世的消息一样，也可以请求损害赔偿，显然是不合理的。这属于极为特殊的情况，因而原告的健康损害对被告来说无法预见，要求被告承担损害结果，对他来说也是不可预期的。”

〔217〕 OLG 28. 4. 1972，UfR 1927 A S. 768.（因巧克力自动贩售机倒落造成一名七岁男孩颅骨骨折，法院判定亲眼目睹此情景的母亲，不享有精神打击的损害赔偿请求权）。同样的观点见：VLD 13. 10. 1930，UfR 1954 A S. 340，之后的判决也在此确认了法院在这个问题上的立场：HD 19. 1. 1988，UfR 1988 A S. 166（母亲在从麻醉中清醒过来 1 个小时后又入睡，由于医院看护上的疏失，婴儿从母亲病床上滚落。该母亲声称受到“精神创伤”。法官认为这样的事件不在医院应该负担损害赔偿的范围内。）

〔218〕 Markesinis/ v. Bar，Richterliche Rechtspolitik im Haftungsrecht，S. 12.

危险状态，从而对他人法益构成高于一般生活风险的威胁，因而负有采取必要措施防止损害结果发生的义务，否则将承担侵权法上的责任。[219]一般来说，受害人以自己的能力无法对大型活动中的典型危险进行预防和保护，并且信任且寄希望于活动组织者会采取必要措施防止损害结果发生。[220]安全保障义务的范围也包括活动会场的出入口，因为人群拥挤往往是造成事故的重要原因。

大型活动的组织者组织的活动本身，就成为对前来观看和参加的人的潜在的危险；故负有采取必要措施保护第三人的义务。在大型赛事中，组织者尤其应该防止从比赛和运动器材外观上看，使用者无法预计的状况发生。[221]这里需要区分物上的危险（运动器材对观众造成危险），以群体形式出现的人对自己行为负责的能力降低而造成的危险以及人的危险（至少是来自

---

〔219〕 vgl. aus der Rechtsprechung nur BGH 1. 3. 1988, NJW 1988, S. 2667；此外 Stein，（见脚注 206），S. 131. 也证明了此论点。

〔220〕 MünchKomm-Mertens, BGB, Band 5, 3. Auflage, München 1997, §823, Rn. 212.

〔221〕 Zur Verkehrssicherungspflicht des Betreibers einer Wurfpfeilbahn OLG Köln 14. 6. 1989, VersR 1990, S. 871.

潜在的有攻击性的，行为放纵的人的危险）。在人群中的部分人突然有过激行为，其他人就会效仿。[222]正是出于这个原因，大型活动中，尤其是在大型赛事的比赛场地中的安全保障义务的要求也相当高。组织者所制造的是一个对在场所有人的，高于从事体育活动时正常的、可以预见的风险的危险状态，所负的安全保障义务也是一个非常广泛的责任。[223]评价安全注意义务的一般标准是对危险法律上和事实上的控制[224]，危险情况发生的概率[225]，危险的形式和程度[226]以及合理的保障费用[227]。

尤其是大型赛事，必须采取应急组织措施、护栏隔断措施，必须划定安全区域，防止运动员以外的人不受运动器材的伤害，防止在大型比赛中时有发生的观众暴动事件。[228]只要存在观众暴动的可能性，组

---

〔222〕 Vgl. v. Bar, Christian, Verkehrspflichten, Köln, Berlin, Bonn, München, 1980, §316.

〔223〕 BGH 18. 10. 1988, JZ 1989, S. 249, 250m. Anm. v. Bar.

〔224〕 BGH 29. 11. 1983, NJW 1984, S. 801ff.

〔225〕 BGH 21. 11. 1989, NJW 1990, S. 905f.

〔226〕 BGH 21. 11. 1989, NJW 1990, S. 905, 906.

〔227〕 BGH 29. 11. 1983, NJW 1984, S. 801f.

〔228〕 Vgl. MünchKomm-Mertens,（见脚注 220），§823, Rn. 246，也证明了此论点。

织者就必须采取相应的预防措施。例如[229]，对球迷和对方球队空间上的隔离；不得对观众出售含酒精饮料；不分发可以作为武器使用的物品以及与此相应的入口处的检查；设立观众和比赛场地之间的护栏隔断，但同时也要注意，要确保设有在紧急状况发生时用于疏散的侧门。司法判例中[230]，大型体育场馆中必须设立“防波堤”保护站席安全；另外，上下过道的维修，尤其是台阶的检查也很重要。除此之外，必须配备依据从警察防暴实践上来判断足够数量的保安人员，即便暴动发生，也得以被控制在可预见的范围内。最后，一个受过心理辅导培训的体育场指挥者在恐慌反应下也会发挥很重要的作用，他可以使观众保持镇定，同时也给出正确的逃生指令。

第三节　立法建议

在我个人看来，在这个领域，德国法不一定马上需要进行立法修改。但问题是，在涉及社会利益大型

〔229〕 Vgl. MünchKomm-Mertens，（见脚注 220），§823，Rn. 247.
〔230〕 OLG Düsseldorf 27. 3. 1980，VersR 1980，S. 1147.

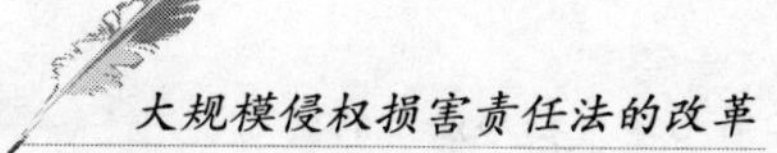

活动，尤其是重要赛事中，《德国民法典》第 276 条这个相对来说比较模糊的用于判断过错的标准，如今还是否合适。我认为，对于所有的参与者，尤其是大型活动的组织者本身，更为有利的做法或许是将安全保障义务的范围设定在保护性法律的基础上。这样一部保护性法律必须按照活动的形式和运动场地的规模对构成要件做出不同的规定，该法律还应就出售酒精性饮料的问题做出明确规定。一部保护性法律的出台，还将减轻受害人在主张《德国民法典》第 823 条第 2 款上的损害赔偿时的举证责任。

第七章　程序法上的问题

第一节　问题的提出

由于因同一事件或者同类事件造成损害结果，并且事件发生经过相似或者相同，由于受害人数量上的巨大，从而在独立的程序中主张权利就会产生各种问题。对同一或者相似的事实或者法律问题作反复的审理，有违于诉讼效率这一原则。另外各级法院可能会对同类型的案件做出不同的判决，法安定性受到挑战，同时这样的结果也难以使公众接受。单个的受害人往往鉴于高额的诉讼费用、为证明诉讼中最为关键也最为困难的归责问题，也鉴于与提供适当的证据相联系的高额支出，放弃了诉讼。当事人个别和解的方式来解决损害赔偿问题的尝试也行不通，因为同类案件的先例具有事实上的拘束力。[231]另外，和侵权人签订和解协议对受害人来说还是存在风险，因为其他受害人也可能和侵权人签订同样的协议，或者向法院提起诉讼，此时该受害人的赔偿请求权也不会优先于其他债权从而不受侵权人资不抵债的影响获得赔偿。大量可能的、潜在的受害者存在这一事实，使得大规模侵权案件的审理对侵权人来说具有了更为重要的经济上的意义，从而对经济地位比较弱的受害者更为不利。[232]如果对各个请求权分别审理，而损害赔偿总额超过了侵权人的偿还能力，就会发生部分受害人得不到任何赔偿的结果；这样一来，是否可以得到应有的法律保护，就成了取决于运气和巧合的事。

共同主张权利的形式，即以集体形式参加诉讼，相关的法院进行合并审理的方式，不失为解决上述问题的合理途径。

---

〔231〕 Stark，Emil W. / Knecht，Stefan，Einführung einer Zwangsgemeinschaft für Geschädigte bei Massenschäde?，in ：Zeitschrift für Schweizerisches Recht（ZSR）97［1978］I，S. 51 –80，54.

〔232〕 Hass，Detlef，Die Gruppenklage：Wege zur prozessualen Bewältigung von Massenschäde，München 1996，S. 11.

第二节　现行法上的诉的合并方式

一、当事人之程序处分权

1. 起诉前之合并

当事人可以在诉前就采用示范诉讼的方式或者就利害关系人共同体的组成达成协议。

(1) 示范诉讼（Musterprozess）的进行

某一案件的事实与其他诉讼纠纷之事实（主要部分）相同，该诉讼案件由法院裁判后，其结果就成为其他法律纠纷在程序上处理之依据。[233]这一制度的目的在于使示范诉讼解决的事实上和法律上的问题具有超越个案的效力而适用到其他大量同类案件中。[234]当然示范诉讼的适用，必须通过受害人和侵权人协议来选定。

在示范诉讼协议中，双方首先要确定某一争议案件进行示范诉讼。在示范诉讼中有效法律裁判做出之

---

〔233〕 Zöller-Vollkommer, ZPO, 20. Auflage, Köln 1997, § 325, Rn. 43 b.

〔234〕 Hass,（见脚注 232）, S. 65.

前，其他受害人不得就同一事件起诉，这样的规定也是符合示范诉讼制度要义的。但前提是，当事人在诉讼协议中约定，示范诉讼程序结束之前请求权消灭时效不届满。

①不起诉协议

当事人可以在诉讼协议中约定，在示范诉讼之判决确定前，其他未起诉之当事人暂不起诉，已提起诉讼者，程序停止进行。

按照《德国民法典》第 138 条、第 157 条和第 242 条的规定，通说认为，不起诉协议有效。[235]

②协议方式延长消灭时效

以协议方式约定示范诉讼程序的诉讼标的之外的纠纷中请求权消灭时效延长，这在示范诉讼框架中是必要和理所当然的，但有悖于《德国民法典》第 209 条的规定。该条款规定，向法院提起诉讼的，消灭时效中断。也就是说，只有示范诉讼程序的诉讼标的消灭时效中断。而示范诉讼程序的审理过程相对较长，

---

〔235〕 Stein/ Honas/ Schumann, ZPO, Band 3, 21. Auflage, Tübingen 1997, vor §253, Rn. 90f.; Thomas-Putzo, ZPO, 20. Auflage, München 1997, Vorbem. §253, Rn. 33.

所以很有可能造成该程序的诉讼标的之外的请求权消灭时效在示范诉讼审结前届满。

按照《德国民法典》第 225 条的规定，不得通过示范诉讼协议的方式排除请求权消灭时效，或者约定其不届满。因而，延长示范诉讼程序的诉讼标的之外的请求权消灭时效的约定因违反《德国民法典》第 134 条的规定而无效。但是另据《德国民法典》第 202 条第 1 款的规定，可以在约定采用示范诉讼的诉讼协议中，同时约定示范诉讼程序的诉讼标的之外的请求权消灭时效中止，直到示范诉讼审理结束。然而，示范诉讼协议是否可以作为当事人拒绝履行给付的抗辩，还有待商榷。第 202 条主要适用于在示范诉讼程序进行过程中，当事人暂不得向法院提起诉讼请求的情况。依照司法判例，当事人暂不得向法院提起诉讼请求的情况也涵盖了不起诉协议〔236〕和等待某一先决程序审结的协议〔237〕。协议方式约定暂不得向法院提起诉讼请求这一设想，也是基于当事人节省诉讼

〔236〕 BGH 14. 6. 1989，NJW-RR 1989，S. 1048，1049.

〔237〕 BGH 28. 11. 1972，NJW 1973，S. 316；BGH 7. 1. 1986，NJW 1986，S. 1338.

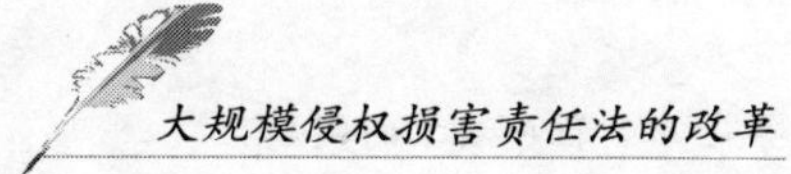

成本的考虑。[238]

③拘束力协议

示范诉讼程序的判决只约束当事人。对于之后的案例可能产生事实上、而非法律上的效力。争议事实相同的情况下，当事人可以放弃诉讼的途径，约定迳以他人之判决作为诉讼外纷争解决之依据，例如，鉴于示范诉讼被驳回而放弃起诉，或者在生效判决基础上签订和解协议。判决具有不约束诉讼当事人以外的其他人的性质，所以示范诉讼裁决的效力只有通过当事人协议才能扩张到之后发生的同类纠纷中。

示范诉讼判决的法律效力不得扩张到没有参加示范诉讼的当事人。[239]这里涉及的是裁决只能指向一定主体的问题，即既判力主观范围的相对性原则。既判力源自于国家高权之判决行为，而不得作为当事人处分之对象。因此，有关于既判力之规定，应属于强制

[238] BGH 28. 9. 1978, VersR 1979, S. 348, 349.

[239] Zöller-Vollkommer，（见脚注 233），§325，Rn. 43 b；Kempf，Ludwig，Zur Problematik des Musterprozess，ZZP 73［1960］，S. 342/386，365ff.；Dütz，Wilhelm，Musterprozesse bei Mitbestimmungsstreitigkeiten，BB 1978，S. 213，214.

规定，而不得以当事人合意变更之。[240]因而只能考虑另一种路径，即将示范诉讼判决内容转承到之后的类似的法律纠纷中，既可以包括对事实认定部分，也可以包括对法律适用的转承。在事实情况复杂的案例中，以大规模侵权案件为例，就往往会出现这种情况，转承示范诉讼判决对事实认定的部分，对受害者来说，是极为有利的。为受害者节省了搜集大量证据的高额费用，也防止了不同法院对证据材料采信可能会得出不同结论的情况。当事人可以约定，依据示范诉讼对事实的认定来对请求权进行程序外受偿。如果在示范诉讼中的原告胜诉，则被告必须赔偿其他受害人的损失，这一点无异议，至于数额则由当事人协商。如果在示范诉讼中原告的诉讼请求被驳回，而其他类似法律纠纷中的原告没有单独保留起诉的权利，则当事人可以约定债务免除。转承示范诉讼判决对事实认定的协议要求当事人向法院提供已经由示范诉讼认定的事实情况，并且主张示范诉讼之判决作为其法

---

〔240〕 Zöller-Vollkommer，（见脚注 233），§325，Rn. 43 a；Stein/ Jonas/ Leipold，ZPO，Band 2，Teilband 2，20. Auflage，Tübingen 1989，§322，Rn. 222.

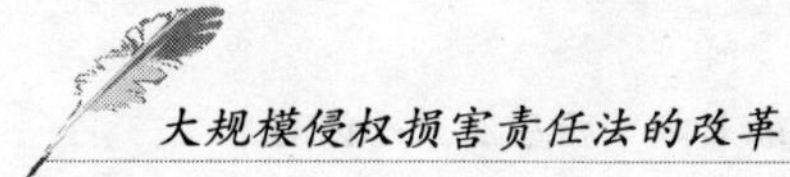

律纠纷解决之依据。[241]

对法律适用部分的转承，是指审理示范诉讼的法院法律适用的结论也对当事人之间的纠纷有拘束力。对法律适用的转承的约定旨在使审理他们之间纠纷的法院受到审理示范诉讼的法院的判决的拘束。[242]这样的约定是否具有法律效力的问题，换句话说，就是当事人是否可以通过约定来排除法院依照事实，对案件做出独立的法律上判断的权力的问题。对此，目前的判例和学说尚有争议。从德国联邦最高法院的判例[243]和通说[244]来看，当事人不得以合意方式，约定法院受其合意内容的约束，这和法院在民事诉讼程序中的独立性地位不符，也剥夺了法院独立审判的权力、不符合法院的处分原则及其在诉讼中的权威。Schlosser

---

〔241〕 Hass，（见脚注 232），S. 88.

〔242〕 Hass，（见脚注 232），S. 92.

〔243〕 BGH 13. 12. 1968，JR 1969，S. 102，103；BGH 29. 9. 1958，NJW 1958，S. 1968.

〔244〕 Stein/ Jonas/ Leipold，（见脚注 240），§288，Anm. II. 1. a.；Rosenberg，Leo/ Schwab，Karl-Heinz/ Gottwald，Peter，Zivilprozessrecht，15. Auflage，München 1993，§114 I 1. a.

教授[245]和 Baur 教授[246]持同样的态度，即反对法律效力的转承，他们提出了不同的理由来说明诉讼中的“当事人主导原则”对法院的约束力仅限于事实部分：只有当事人才能够把争议的事实事项导入程序，法院要受所提出事实的约束，法院不得审理双方当事人均未提出的事实这一原则，对法院的约束力仅限于事实部分，法院依照法律做出独立判断的权力不受当事人合意的约束。

（2）利害关系人共同体（Interessengemeinschaft）的建立

在起诉前和法院判决后请求权的最终实现这两个阶段，都需要利害关系人共同体的参与。首先，利害关系人共同体的建立可以使信息、证据材料和经济力量都集中起来，有助于事实澄清，很多情况下，甚至只有通过建立利害关系人共同体的方式，事实才得以查明。对于利害关系人共同体的成员来说，相关的诉

---

〔245〕 Schlosser, Peter, Einverständliches Handeln im Zivilprozess, Tübingen 1968, S. 33f.

〔246〕 Baur, Fritz, Vereinbarungen der Parteien über präjudizielle Rechtsverhältnisse im Zivilprozess, FS Brötticher, Berlin 1969, S. 1ff.

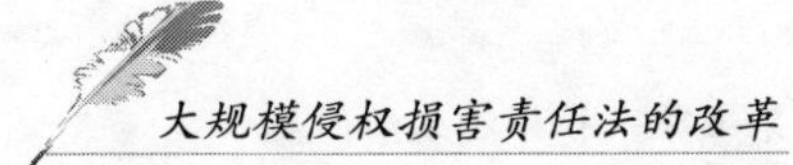

讼步骤只进行一次，从而节省了分担到各人的费用。同时，利害关系人共同体的建立更容易使侵权被告人愿意与受害人订立和解协议。因为只有在全部受害人或者至少是他们中的绝大部分已经得以确认的情况下，被告才可以计算出赔偿额，从而考虑是否和解处理。此外，利害关系人共同体的建立还可以缩短诉讼程序的时间，不同于单个案件的分别审理，集中的权利主张使得诉讼程序（例如，对事实情况的证明）只需要进行一次，节省了时间。“康特甘”案件的处理经验证明了这一点。联邦先天残疾儿童父母协会作为当时信息、案卷材料、证据和资金的汇集中心，在受害人总人数的确定以及促使和解达成方面，都发挥了重要作用。[247]这个案件最终并没有诉诸法院。在“血库丑闻案”、“慕尼黑石油勘探公司（Mega Petrol）破产案”和“格莱姆斯股份有限公司（Gormes-AG）倒闭案”中，利害关系人共同体都发挥了很大作用。[248]

---

〔247〕 Hass，（见脚注 232），S. 98，28ff.；Beyer，Christian，Grenzen der Arzneimittelhaftung：以“康特甘”案件为例进行了探讨，München 1989，S. 187，194.

〔248〕 Hass，（见脚注 232），S. 96，

慕尼黑石油勘探公司破产案源于一个有限责任两合公司的破产，涉案的有 2000 名投资者。在格莱姆斯股份有限公司倒闭案中，由一个代表股东利益的注册协会主张损害赔偿，它所提出的赔偿理由是被告对格莱姆斯股份有限公司倒闭以及股票价格下跌负有责任。[249]

有时为了处理在起诉前和法院判决后请求权的最终实现中的事务，甚至需要专门成立有限责任公司或者注册社团（所谓的“为专门案件设立的利害关系人共同体”，fallgebundene Interessengemeinschaft）。其他情况下，则由已经存在的代表受害人利益的社团组织（所谓的“利害关系人保护社团”，Interessenverband）为受害人权益的维护，处理此范围内的事务。在此，这些组织以自己的名义作为诉讼当事人提起和进行诉讼，作为非法律纠纷的实体权利关系主体代替实体权利关系主体以诉讼当事人身份进行诉讼，要求其具有合法的行为资格。主要的方式有三种：通过法律行为向利害关系人共同体授予“诉讼担当”、收款权利转让或者进行收款委托授权。

[249] OLG Düsseldorf 20. 11. 1992，ZIP 1993，S. 347f.

但是这些方式有悖于《德国法律咨询法》（Rechtsberatungsgesetz，RBerG）的规定。按照《德国法律咨询法》第1条第1项第1款规定，为他人处理法律事务作为职业，包括为他人收款或者为收款目的进行的债权转让，无论主、副业，无论有偿无偿，都需要经过批准才能执业。也就是说，只有依据《德国法律咨询法》第1条第1项第1款第2句的规定取得了特定机关的许可的人，才可以为他人处理法律事务。

“为专门案件设立的利害关系人共同体”既不属于《德国法律咨询法》第1条第7项第1句意义上持续执业的社团，也不属于“为类似目的”而建立的社团。《德国法律咨询法》第1条第7项第1句以“与从事职业或者与经营事业有一定的联系”为要件。[250]而如果社团的设立是以有限责任公司的形式，则不满足“公益性目的”这一要件。如果是通过收款委托授权或者收款权利转让的方式，依照《德国法律咨询法》第1条第1项第1款第1句的规定，显然满足了“为他人处理法律事务的行为”的要件。请求权的最

〔250〕 OLG Düsseldorf 20. 11. 1992，ZIP 1993，S. 347，348.

终实现，有利于社团内部成员的经济利益，因而成立“为他人处理法律事务的行为”的要件。以受害人和社团组织为当事人的，约定了请求权代为主张以及损害赔偿实现后款项的支付为权利义务的事务处理合同，因违反《德国法律咨询法》的规定而无效。针对损害赔偿请求权的债权转让因为与事务处理合同紧密相关，该事务处理合同就是以转让的请求权的实现为内容的。鉴于事务处理合同和请求权转让给利害关系人共同体之间的关系，事务处理合同无效，债权转让也无效。〔251〕债权转让无效的后果是利害关系人共同体不具有诉讼主体资格，起诉应该被驳回。〔252〕

但需要注意的是，利害关系人共同体建立的目的不仅在于处理主张损害赔偿请求权的事务。它们也需要查明事实情况和搜集证据，即类似于调查员的工作。而这些工作在一定情况下，不属于法律咨询的范畴，因而也不需要经过特别许可，属于《德国职业条

---

〔251〕 BGH 18. 4. 1967，BGHZ 47，S. 364，369.

〔252〕 Zöller-Greger，（见脚注 233），vor §253，Rn. 25；Zöller-Vollkommer，（见脚注 233），vor §50，Rn. 18；Thomas/ Putzo，（见脚注 235），Vorbem. §253，Rn. 39，§51，Rn. 22.

例》第1条和第14条意义上的无需通过许可的自由从事之职业，此观点还有待进一步探讨。这里要区分不同情况，要看起决定作用的人，看哪些事实需要查明，以及哪些证据需要搜集。如果这些决定都由请求权人自己提出，那么就不存在法律咨询问题。[253] 但是在成立利害关系人共同体的情况下，往往是由共同体或者他的负责人来决定采取措施，因而属于《德国法律咨询法》第1条第1项第1款第1句规定的为他人处理法律事务。[254]

“为专门案件设立的利害关系人共同体”和“利害关系人保护社团”将为他人处理法律事务作为职业，无疑满足这一要件，因为这些组织在执行事务时，无需接受成员的指示。[255] 值得探讨的是“从事营业”的另一个要件，即“营业行为的重复性”。因为各个受害人转让的损害赔偿请求权在诉讼中以合并的方式一次性得以实现，利害关系人共同体也是为此

〔253〕 Rennen/ Caliebe, Rechtsberatungsgesetz, 2. Auflage, München 1992, Art. 1 §1, Rn. 31.

〔254〕 Hass,（见脚注232），S. 101.

〔255〕 Hass,（见脚注232），S. 108f.

目的暂时设立。然而需要注意的是，“从事营业”这一标准主要是用于区别建立在“亲属关系”或者“情谊关系”上的临时性的工作服务的。[256]《德国法律咨询法》一方面保护大众，避免其将法律事务的处理委托给非法律专业人士；另一方面也是为了保证寻求法律救济的当事人的权利得到尽快的解决和实现；除此之外，《德国法律咨询法》也保障了律师业在经济地位上的独立性。[257]基于这几点立法目的上的考虑，《德国法律咨询法》第 1 条第 1 项第 1 款关于执业需要特定机关批准的规定也应该适用于“为专门案件设立的利害关系人共同体”。[258]与此相关的条款见《德国法律咨询法》第 1 条第 1 项第 1 款第 2 句第 5 类的规定。该条款规定：允许托收企业从事法庭程序之外的债权利益的收取。尽管他人经济上的权利利益的收取，也属于利害关系人共同体的职能范围，但是其职能范围不仅限于此，还包括对案件事实的澄清和证据

---

〔256〕 Rennen/ Caliebe，（见脚注 253），Art. 1 §1，Rn. 44；Altenhoff/ Chemnitz，Rechtsberatungsgesetz，9. Auflage，Münster 1991，Art. 1 §1，Rn. 66.

〔257〕 Rennen/ Caliebe，（见脚注 253），Art. 1 §1，Rn. 9

〔258〕 Hass，（见脚注 232），S. 111ff.

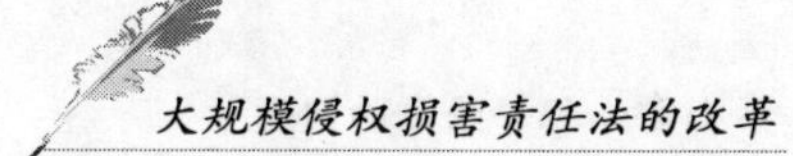

材料的搜集。与此相反，托收企业作为一种职业群体，只从事《德国法律咨询法》范围内的一定事务。[259] 由此，“为专门案件设立的利害关系人共同体”和“利害关系人保护社团”不需要依照《德国法律咨询法》第1条第1项第1款第2句第5类的规定，履行托收企业从事营业时必经的批准手续。

2. 起诉时之合并

若起诉前没有建立以上提及的“为专门案件设立的利害关系人共同体”和“利害关系人保护社团”等，在起诉阶段受害人也可以委托律师或者一个协作团队代表受害人处理案件的法律事务。律师可以提起共同诉讼。首先，共同诉讼的诉讼费用少于单个受害人分别起诉的情况。因为依据《德国民事诉讼法》第5条和《德国诉讼费用法》第12条第1款的规定，共同诉讼中的诉讼费用依照争议诉讼标的的数额来计算，而诉讼标的数额为各单个请求权之和。又因为诉讼费用的计算是逐级递减的，也即诉讼标的数额增加，诉讼费用的比例递减。此外，律师就整个大规模

---

〔259〕 Hass，（见脚注232），S. 122.

侵权案件准备应诉材料，一并起诉、提供事实材料和证据材料、法庭辩论，有利于资源的更好利用，同时也简化了程序，减少了各个受害人按份额需分担的诉讼费用。不仅如此，律师还可以在起诉书中，将涉及全部和部分受害人的事实情况以表格形式分列，从而提高工作效率。[260]

不得不提的是，在选择进行合并之诉时还有两个需要澄清和解决的问题。第一，利害关系人共同体的确定问题。通常情况下，成员之间互相并不知道对方，或者只因偶然性的时间地点关联，得知部分其他成员的存在，而共同委托律师处理案件的法律事务以受害人共同体人员的确定为前提。第二，统一的法院管辖权问题。对于因不法行为或者因危险责任产生的请求权，《德国民事诉讼法》第 12 条规定债务人所在地法院有管辖权。该法第 32 条还规定，关于侵权行为的诉讼，由侵权行为地的法院管辖。在产品责任侵权案件中，侵权行为地往往涉及范围非常广。《德国民事诉讼法》第 32a 条中，对环境侵权的管辖作了特

〔260〕 Hass，(见脚注 232)，S. 131.

别规定，即《环境责任法》附件1中所列举的设备所产生的环境影响发生地的法院对环境事故侵权案件进行统一排他地管辖。因而依据《德国民事诉讼法》第40条第2款第1句的规定，在此类案件中，当事人的协议管辖无效。第32a条的立法目的在于，在受害人人数众多的情况下，管辖法院可以进行统一的证据搜集，做出统一的裁判。[261]但是在环境侵权以外的领域，受害人只能接受利害关系人共同体划定时的偶然性因素。但是受害人可以依据《德国民事诉讼法》第38条第3款第1项的规定，约定管辖法院；或者依据第39条，被告没有提起管辖权异议而直接就争议的主要事实部分进行辩论。但是我们也可以观察到，比较第32a条的规定，这两种方式都必须以双方当事人的合作为前提条件。

3. 诉讼程序中之合并

（1）第三人的案卷查阅权

《德国民事诉讼法》第299条就案卷查阅权做出了规定。当事人查阅示范诉讼案卷可以通过两种方

---

〔261〕 Thomas/ Putzo，（见脚注235），§32a，Rn. 1.

式。第一，必须依据第 299 条第 1 款提起案卷查阅申请，并且查阅内容仅限于与自身案件相关的部分，同时它们必须属于允许其他法院或者机关查阅的案卷。〔262〕也就是说，对于其他法院或者机关也不得查询的案卷，当事人不得申请查阅。若法院不批准案卷查阅申请，亦或示范诉讼尚未审结，则只能依照第 299 条第 2 款的规定查阅案卷。这个条款规定的是第三人的案卷查阅权。该第三人是指当事人之外的人，非辅助参加人，也非诉讼代理人。〔263〕第三人经过当事人同意，或者可以证明，对于案卷内容有法律上的利害关系，才得以查阅。法院在司法实践中处理第三人的案卷查阅权的案件时，采取了比较谨慎、限制的态度。若第三人通过查阅案卷事实，尽管有助于主张自己的权利，但本身与案件标的不存在法律上的利害关系，则他的申请不被批准。〔264〕只有当案卷内容至少间接涉及第三人个人的权利时，才满足“法律上的利害关系”这一要求，例如，合法建立起来的经济上的权

〔262〕 Zöller-Greger，（见脚注 233），§299，Rn. 3.

〔263〕 Zöller-Greger，（见脚注 233），§299，Rn. 6.

〔264〕 KG 9. 2. 1988，NJW 1988，S. 1738.

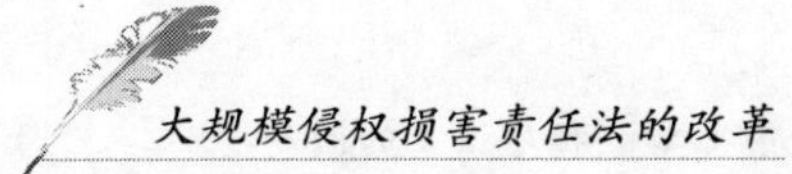

利，而此权利与案卷内容中争议的标的有法律上的关系。[265]

（2）共同诉讼中的统一的证明程序

在大规模侵权案件中，通常情况下会存在基于同样的事实和法律基础的大量同类的请求权。受害人可以依《德国民事诉讼法》第60条提起共同诉讼。依据第61条中规定的原则，在共同诉讼中，各个当事人的法律地位独立，不受其他当事人的影响。[266] 证据共通原理是这一原则的例外情况：除非其他当事人明确反对或者提出相反证据，否则单个当事人提供的事实和证据也用于证明其他共同诉讼人的权利主张。[267] 不论何方当事人提出的证据，均可为法官认定案件事实的根据。若所有诉讼关系同时等待做出裁决，则证据的调查，听取当事人意见这些程序只统一进行一次，法官依据《德国民事诉讼法》第286条原则上对证据进行统一的取舍和运用，做出一致的评价，对不

〔265〕 BGH 22. 1. 1952，BGHZ 4，S. 323，325；KG 9. 1. 1976，MDR 1976，S. 585；Zöller-Greger，（见脚注233），§299，Rn. 6.

〔266〕 Thomas/ Putzo，（见脚注235），§61，Rn. 1f.

〔267〕 Thomas/ Putzo，（见脚注235），§61，Rn. 11f.

同当事人的诉讼关系都发生效力。[268] 共同诉讼通过统一的举证和证明程序节省了诉讼成本，也保证了法的安定性。但是共同诉讼得以采用的前提条件，往往会因为复杂的事实情况而不能满足：大规模侵权案件中，受害人互相并不知道对方，或者只因偶然性的时间地点关联，得知部分其他成员的存在；由于不同法院对案件都有管辖权，受害人往往分别在不同法院起诉。即使以上问题都可以有效解决，由同一法院受理案件时，也会因为当事人人数众多而陷于审理程序组织上的困境。

若普通共同诉讼得以采用的前提条件不满足，则依照现行诉讼法的规定，统一的举证和证明程序也无法展开。这样的情况下，当事人只能考虑援引同类案件诉讼中的证明结果。

（3）同类案件证明结果的援引

同类案件证明结果的援引是指，在口头辩论中，以证据形式在法庭上出示并由当事人质证。因为所有同类案件证明结果都以案卷形式记录，所以当事人原

[268] Thomas/ Putzo，（见脚注 235），§61，Rn. 12；Zöller-Vollkommer,,（见脚注 233），§61，Rn. 5.

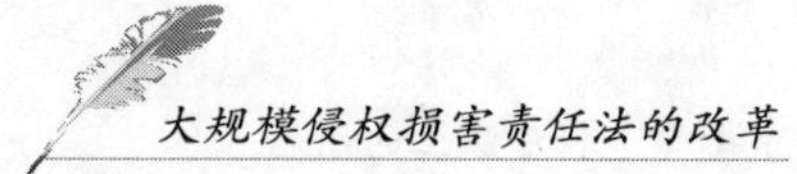

则上应依据《德国民事诉讼法》第420条以书证方式出示并质证。

这并不违背《德国民事诉讼法》第355条证据的“直接性原则”。此原则要求裁判者必须亲自践行审理程序，尤其是调查证据程序，以便获得对待证事实的直接印象，不得由其他法官代为调查证据；要求裁判者必须尽量运用最为接近事实的证据方法，也就是使用原始的而非派生的证据方法，直接审理原则的目的主要在于建立裁判者与证据之间的直接关联，以杜绝书面审理和间接审理的弊端。采用直接审理原则，做出判决的法官可获得直接、新鲜的关于案件事实的印象，更有利于法官准确把握证据的价值及认定事实 。《德国刑事诉讼法》（Strafprozessordnung，StPO）第250条规定，不得以其他案件案卷中的证明结果代替询问证人。但是《德国民事诉讼法》中没有类似规定。其他案件的证明结果可以以书证的形式在法庭出示和质证。[269]这符合“直接审理原则”的要求。该书证证明程序无需对方当事人同意[270]，但若对方当事

---

〔269〕 Zöller-Greger，（见脚注233），§355，Rn. 4，§373，Rn. 9.

〔270〕 BGH 19. 4. 1983，VersR 1983，S. 667，668.

人提出询问证人的申请，则法院不得不经询问程序而直接采信书证证明。〔271〕法官对证据材料做出判断时要特别注意，不得因为证人证言没有案卷中的书证或者其他情况的佐证而质疑其内容的真实性。〔272〕

可见，只有当证据提供的仅限于同类案件证明结果，并且对方当事人申请搜集直接证明的申请的可能性被排除的情况下，“同类案件证明结果的援引”才有其诉讼效率和节省诉讼费用上来考虑的意义。为此目的，当事人可以通过签订诉讼证据限定协议的方式，或者排除特定的证据形式——例如在此情况中，当事人可以约定排除直接证据，或者约定只能提供特定的证据形式——例如在此情况中，同类案件证明结果的援引。〔273〕按照“当事人主义”原则，这样的诉

---

〔271〕 BGH 9. 6. 1992，VersR 1992，S. 1028，1029；BGH 14. 7. 1952，BGHZ 7，S. 116，121f.

〔272〕 BGH 9. 7. 1981，NJW 1982，S. 580，581；BGH 9. 6. 1992，NJW-RR 1992，S. 1214.

〔273〕 Baumgärtel，Gottfried，Wesen und Begriff der Prozesshandlung einer Partei im Zivilprozess，2. Auflage，Köln，Berlin，München 1972，S. 248f. Rosenberg/ Schwab，Karl-Heinz/ Gottwald，（见脚注 244），

讼协议原则上是允许的。[274]

二、法院依职权进行合并审理

1. 法院依职权启用示范诉讼、相关程序的中止

依据《德国民事诉讼法》第 148 条规定，如果本案必须以另一案的审理结果为依据，而另一案尚未审结的，法院可以裁定诉讼中止，这样可以避免分别审理个案所产生的判决之间冲突的风险。问题在于，如何评判“本案必须以另一案的审理结果为依据”。一种观点认为，只有当另一案的审理结果对本案有先例标准上的示范意义时，才符合“本案必须以另一案的审理结果为依据”。[275] 另一种观点认为，只要另一案的审理结果对本案有法律上的重大影响（即便仅限于证据效力认定上），即可构成“本案必须以另一案的审理结果为依据”这一要件，因而本案正在进行的诉

---

〔274〕 Rosenberg/ Schwab, Karl-Heinz/ Gottwald, （见脚注 244）, S. 658; RG 23. 5. 1919, RGZ 96, S. 57, 59; RG 4. 4. 1939, RGZ 160, S. 241, 243; BGH 30. 11. 1972, DB 1973, S. 1451.

〔275〕 Zöller-Greger, （见脚注 233）, § 148, Rn. 5. BGH 21. 2. 1983, NJW 1983, S. 2496, S. 2496; OLG Frankfurt 12. 11. 1985, MDR 1986, S. 325; ÖLG Köln 14. 4. 1983, MDR 1983, S. 848; OLG Frankfurt 30. 1, 1971, VersR 1972, S. 471, 472.

讼程序应该中止。[276] 从第 148 条规定背后的立法意义上来考虑，我认为第二种观点更为合理。《德国民事诉讼法》第 148 条的目的在于避免法院对相同事实和法律问题进行反复审理，避免分别审理个案所产生的判决之间冲突的风险。无论从诉讼效率和节省诉讼费用方面，还是从判决的一致性从而保障法的安定性方面来考虑，案件中止审理的情况都不应仅仅包括“只有当另一案的审理结果对本案有先例上的示范意义”的情况，否则会造成诉讼资源浪费，也影响法的安定性价值的维护。认为诉讼中止意味着国家法律救济的一定期间的落空的观点，是对第 148 条的极为限制性的解释。而在大规模侵权案件中，这个问题并不会出现。因为在大规模侵权案件中，诉讼中止从各方面考虑都有利于受害人：首先，本案需以另一案的审理结果为依据而中止，等待另一案审结后，法院可以援引同类案件的证明结果，同时缩短本案的审理期间。第

---

〔276〕 Baumbach/ Lauterbach/ Albers/ Hartmann, Zivilprozessordnung, 55. Auflage, München 1997, § 148, Anm. 1 A; Münchener Kommentar zur Zivilprozessordnung (MünchkommZPO) -Peters, Band 1, München 1992, § 148, Rn. 6ff.; OLG Köln 7. 6. 1988, NJW-RR 1988, S. 1172; LG Mainz 5. 5. 1978, VersR 1979, S. 334.

二，以这样的方式可以为当事人节省搜集证据的费用。从而降低了所有当事人的费用风险。第三，参考美国在审理有毒物质造成大规模侵权损害案件时的经验后，我们可以明显意识到诉讼中止对受害人的其他有利方面：以“石棉案”为例，如果法官对单个诉讼请求进行审理，将造成法院繁重甚至不可能完成的负担，法庭辩论和判决也会因此无期限地延期。[277]可见，诉讼中止在大规模侵权案件的审理中不失为一种合理的手段，从而避免诉讼中案件堆积的情形出现。

采用示范诉讼的意义就在于，将此案件审理中已经得出的结论直接套用到之后发生的同类案件中。然而在大规模侵权案件中，示范诉讼结论的套用仅在确定责任基础这个范围内有意义，因为只有在这个范围内各单独请求权的事实情况是相同的。至于法院最终如何对请求权的实现做出判决，往往取决于个案事实情况。鉴于这样的情况，法院或许可以依照《德国民事诉讼法》第304条规定的标准，先就请求权基础做出一个中间判决。而其他同类案件在此中间判决做出

---

〔277〕 Kästle, Florian, Die Haftung für toxische Massenschäde im US-amerikanischen Produkt-und Umwelthaftungsrecht, München 1993, S. 120.

后，即可解除程序的中止（《德国民事诉讼法》第150条），继续审理。

请求权的消灭时效依照《德国民法典》第209条第1款的规定，当事人起诉，消灭时效中断。在诉讼中止期间内，中止程序中的请求权的消灭时效持续中断。《德国民法典》第211条第2款的规定，程序处于休止状态的情况，自双方当事人或者法院最终的程序行为开始，请求权的消灭时效重新起算，不适用于法院依职权中止诉讼程序的情形。[278] 如果当事人不再继续进行审理程序的，消灭时效从程序中止解除后重新起算。[279]

2.《德国行政法院法》（Verwaltungsgerichtsordnung，VwGO）中的诉讼中止

以上设想的示范程序的采用，以及其他诉讼暂时停止审理，等待示范诉讼审结的模式，在《德国行政法院法》第93a条中已经做出了明文规定。《德国行政法院法》第93a条第1款第1句规定，如20个以上的诉讼均以同一个行政行为的合法性为其诉讼标的，

〔278〕 BGH 24. 1. 1989，NJW 1989，S. 1729f.

〔279〕 Zöller-Greger，（见脚注233），§148，Rn. 8.

则法院可首先审理其中一个或数个诉讼（示范诉讼），并且中止其他诉讼程序。第 93a 条第 2 款规定，示范诉讼做出的判决生效后，只要法官一致认为案件相对于示范诉讼，无论事实情况，还是法律适用上，都不具个案特殊性，便可在听取当事人陈述后，以裁定方式结束案件审理。在此，法院可以提出示范诉讼中已经得出的证明结论，并且作为判案依据。依据第 93a 条第 2 款第 3 句的规定，如果当事人对于在示范诉讼中已经调取的证据提出调取证据申请，而法官按照自由心证认为此证据无法证明当事人所主张的对判决有决定性影响的新的事实，而且还会延误案件的及时审理，则法官得拒绝该申请。

此规定对于民事诉讼程序很有启示意义。因而我个人非常建议将此条款引入《民事诉讼法》中。这样做的好处是显而易见的：首先，这个条款引入《民事诉讼法》，将法院依职权采用示范诉讼审理案件以法律的形式规定下来，也可以解决上文已经提到的关于《德国民事诉讼法》第 148 条适用范围的争议问题。另外，这样一个类似于《德国行政法院法》第 93a 条的规定在民事诉讼领域的引入，法院提出示范诉讼中已经得出的证明结论，并且作为判案依据这一方式，将获得极大的现实意义。尽管依据现行法，也存在示范诉讼中已经得出的证明结论提出和作为判案依据的可能性，即以书证的形式提出的方式。但是对方当事人可以随时推翻此证明结论，例如申请证人出庭。这种情况下，询问证人的程序是必须的，法院不得以记录在案卷中的在示范诉讼中已经得出的证明结论取代之。[280]通过类似于《德国行政法院法》第93a条第2款第3句的规定的引入，法官就有权力拒绝当事人对在示范诉讼中已经调取的证据提出的调取证据申请。这就为法官不以当事人的意志，而依职权将在示范诉讼中已经得出的证明结论作为判案依据提供了法律基础和支持。

3. 合并审理

还可以考虑《德国民事诉讼法》第147条所规定的因原、被告方人数众多而设立的共同诉讼的制度。[281]共同诉讼方式中诉的合并可以相对减少诉讼费用，这

---

〔280〕 BGH 9. 6. 1992，VersR 1992，S. 1028，1029；BGH 14. 7. 1952，BGHZ 7，S. 116，121f.

〔281〕 Zöller-Greger，（见脚注233），§147，Rn. 8.

是因为，依据《德国民事诉讼法》第5条的规定，共同诉讼中的诉讼费用依照争议的诉讼标的的数额来计算，而诉讼标的数额为各单个请求权之和。又因为诉讼费用是逐级递减的，也即诉讼标的数额增加，诉讼费用的比例递减。〔282〕合并审理使当事人可以一并提供事实材料和证据材料、一并进行法庭辩论，法院也可以一并做出判决〔283〕，这样提高了司法效率，并且避免分别审理个案所产生的判决之间冲突的风险。另外，当事人无需就同一问题多次地搜集证据和进行法庭辩论，从而进一步节省了费用。〔284〕

但是《德国民事诉讼法》第147条以审理案件的管辖法院相同为要件。需要说明的是，在此并不要求同一审判庭。但是如果将在不同审判庭的数个正在审理的案件合并，会出现违反《基本法》的规定，因为《基本法》第101条第1款规定，任何人受法律所定法官之审理。因此，不同审判庭对数个案件进行审理的情况，法院不经当事人同意，不得依职权合并审

〔282〕 Hass，（见脚注232），S. 209.

〔283〕 Zöller-Greger，（见脚注233），§147，Rn. 1.

〔284〕 Hass，（见脚注232），S. 209.

理。[285]《德国民事诉讼法》第 147 条的适用还要求各个诉讼程序之间有法律上的联系，即诉的主体或者诉的客体可以合并。诉的主体合并即《德国民事诉讼法》第 59 条、第 60 条规定的基于同类型的事实或者法律基础，将一方或双方为二人以上的当事人合并于同一诉讼程序进行审理和裁判；客体合并即《德国民事诉讼法》第 260 条规定的法院将当事人一方向对方提出数个独立的诉讼请求予以合并审理。在大规模侵权案件中，通常情况下会产生基于同类型的事实或者法律基础的大量同类型的损害赔偿请求权，符合第 60 条诉的主体合并的情况，由此，法院可以对大规模侵权案件的审理，依照《德国民事诉讼法》第 147 条的规定进行合并。

首先，鉴于大规模侵权案件中当事人人数众多，诉讼中需要处理的材料庞杂，案件的审理会给合议庭造成极大负担以及程序组织上的困难。其次，除了《德国民事诉讼法》第 32a 条对环境领域的侵权规定了排他管辖权外，对其他类型的侵权法院并不享有对

---

[285] Zöller-Greger，（见脚注 233），§147，Rn. 2；Stein/ Jonas/ Leipold，ZPO，Band 2，21. Auflage，Tübingen 1994，§47，Rn. 15.

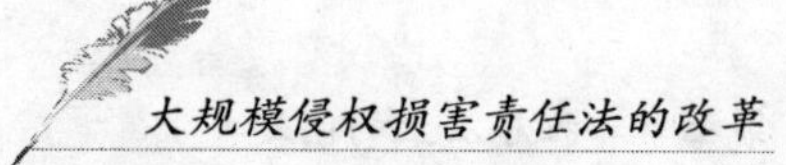

大规模侵权中个案共同的排他管辖，这也会给案件审理造成很大问题。此外，如果个案已经在不同法院被受理，则无法对这些诉讼再进行合并，因为德国的诉讼法并没有对此做出规定。和德国法不同，依照《美国法典》第28目第1407a条的规定［Title 28 United States Code（U. S. C.）§1407（a）］，联邦法院可以将已经在不同地方法院审理的案件进行合并。德国现行法中找不到类似于美国法中的“诉的递交转移”的规定。德国诉讼法中只有无管辖权的法院对案件的移送的规定，这里显然不是这种情形。《德国民事诉讼法》第36条第3项关于上级法院指定管辖的规定在此也不适用。

第三节　其他国家的诉的合并模式以及其在德国诉讼法中的借鉴可能

一、美国法中的“集团诉讼”（class action）（《美国联邦民事诉讼规则》第23条）（Rule 23 Federal Rules Of Civil Procedure［F. R. Civ. Pr.］）

《美国联邦民事诉讼规则》第23条对“集团诉

讼”作了规定。以大规模侵权案件为例，“集团诉讼”是指，受害人中的一人或者数人代表为了集团成员全体的共同利益，代表全体集团成员提起的诉讼。法院对集团所作的判决，对全部成员具有约束力。

美国《联邦民事诉讼规则》第 23 条（a）款对“集团诉讼”的基本成立要件做出了规定：（1）集团一方人数众多，每个人到庭诉讼显然不切实际；（2）集团成员有着共同的法律和事实问题；（3）诉讼代表人的请求和答辩对集团成员具有代表性；（4）诉讼代表人能充分、公正地保护集团利益。同时案件必须符合该条（b）款中进一步具体列举的情形之一。在此，涉及大规模侵权案件的诉讼程序问题主要是在第 23 条（b）款第（1）项（B）和第 23 条（b）款第（3）项中做出了规定。第 23 条（b）款第（1）项（B）所列举的主要是如果允许个别诉讼，将会严重妨碍全体集团成员权益的保护和实现的情形。例如，赔偿基金总额不足以对所有受害人损害赔偿请求权进行全额赔付的情况。第 23 条（b）款第（3）项规定的要件为：集团成员涉及的法律或事实问题中，集团成员所共同面临的事实和法律问题比个别成员面对的问题更

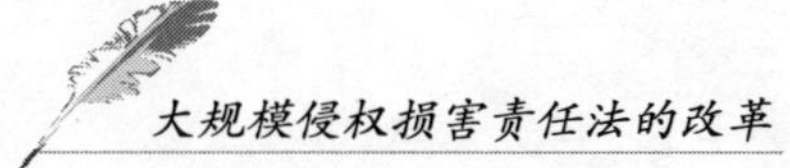

为重要，采取“集团诉讼”更为公平有效。

代表人必须在“集团诉讼”起诉状中列明自己以及所有集团成员所主张的诉讼请求，说明事实和理由，递交法院后，法院应立即审查是否符合“集团诉讼”的要件［见《美国联邦民事诉讼规则》第23条第（c）款第（1）项］。如果符合“集团成员所共同面临的事实和法律问题比个别成员面对的问题更为重要”这一要件［见第23条第（b）款第（3）项］，法院必须依当事人的具体情况不同，以必要方式进行公告，确保所有可能的当事人知悉该诉讼［见第23条第（c）款第（2）项］。公示通知中必须告知，法院公告期内没有明确申请排除于集团之外的，视为参加诉讼，而所有参加“集团诉讼”的当事人将受法院判决的约束［见第23条第（c）款第（2）项］。如果集团成员身份已明确，或者通过合理期待的努力可以查明，则应当向其本人送达通知，费用由“集团诉讼”代表人承担。[286]在诉讼程序进行过程中，法院应向被代表人，即所谓的“nonparty”，发出通知，告知程序进行的情况，并要求被代表人对法庭辩论发表自己的意见。[287]“集团诉讼”的撤诉以及由诉讼代表人达成和解协议必须经由法院同意，并且通知所有其他参加诉讼的集团成员［见第23条第（e）款］。就这一点上来看，由于“集团诉讼”诉讼标的的特殊性，“当事人主义”原则会受到一定的限制。“集团诉讼”也可以仅仅限定在确定责任基础这个范围内。因为就如以上已经涉及的，只有在这个范围内各单独请求权的情况才是相同的。

法院最后做出的裁判对在一定期限内未明示把自己排除于集团之外的所有成员都发生效力。[288]由此可见，美国法上的“集团诉讼”采用的是“选择退出”（“opt out”）的模式。

---

〔286〕 Gottwald, Peter, Class Actions auf Leistung von Schadensersatz nach amerikanischen Vorbild im deutschen Zivilprozess?, in ZZP 91［1978］, S. 1 – 38, 8; Eisen v. Carlisle & Jacquelin. 479 F. 2d 1005 (1973)（送达费用225000美元，代表人请求的自身的损害赔偿70美元）。

〔287〕 Gottwald,（见脚注286）, S. 11.

〔288〕 Gottwald,（见脚注286）, S. 15.

因为在具体案件中，为了满足“典型性”和“基础性”的要件，“集团诉讼”有时仅限于请求权基础的确认这一阶段，在此，“集团诉讼”所做出的判决具有基础判决的性质和作用。被代表人必须在具体诉讼中就各自的具体损害主张损害赔偿，而这个审理程序应该依据已做出的“集团诉讼”的裁判来进行。[289]

二、英国和威尔士的“代表人诉讼”（representative action）［《英国最高法院规则》第 15 号命令第 12 条[290]（Order 15，rule 12 Rules Of The Supreme Court［R. S. C. ］）］

英国的“代表人诉讼”规定在《英国最高法院规则》第 15 号命令第 12 条。这种程序模式和美国的“集团诉讼”一样，采用的是代表制。一人或者数人为了自己的诉讼请求以及集团成员全体的共同利益，代表全体集团成员提起的诉讼。集团成员必须具有共同的利益，成员身份必须得以查明和充分的确定，例如，通过公布案件发生的具体日期。成员的范围必须

〔289〕 Hass，（见脚注 232），S. 272.

〔290〕 出版在：Jacob，The Supreme Court Practice，Vol. 1. 1997.

在起诉书摘要中确定下来。[291]通常情况下，法院会对“代表人诉讼”做出确认之诉的判决，尤其是各个集团成员的损害赔偿额需要进一步分别确定的情况，法院仅就所有成员的共同的法律问题做出裁判，不涉及损害赔偿额的确定。[292]赔偿请求通过个别诉讼，由受害人对自身损害举证证明来判定。[293]

被代表的集团成员，即所谓的“nonparty”，原则上视为诉讼当事人。但是这些成员在诉讼中的法律地位和一般诉讼当事人有所不同。他们不负担诉讼费用。[294]法院也不通过公示程序或者送达通知这些集团成员，这一点上有别于美国法上的规定。权利人向这些成员主张并执行权利，需要取得法院的特别决定（“经法院许可”令[295]）。未参加诉讼的集团成员不接受法院判决的，必须在一定期限内提起诉讼。英国的代表人诉讼采用的是“不声明参加就非集团成员”

---

〔291〕 O' Hare/ Hill, Civil Litigation, Sixth Edition, London 1993, S. 121.

〔292〕 O'Hare/ Hill,（见脚注 291）, S. 122.

〔293〕 R. S. C. O. 15 r. 12, Anm. 4.

〔294〕 R. S. C. O. 15 r. 12, Anm. 4; O'Hare/ Hill,（见脚注 291）, S. 122.

〔295〕 R. S. C. O. 15 r. 12, Anm. 3.

的“选择加入”（opt in）制度。

依据《英国最高法院规则》第15号命令第12条的规定，法院对代表人诉讼做出的裁判对所有集团成员发生效力。但是，如果依据判决，权利人向未参加诉讼的被告集团的成员主张并要求执行其权利时，该被告方成员可以提出事实证明自己的情况和已经由法院做出判决的集团诉讼案件不同。[296]

三、关于引进瑞士法中的受害人共同体的强制设立模式（Zwangsgemeinschaft für Geschädigte bei Massenschäde）的建议

早在20年前，Stark Emil W. 教授和Stefan Knecht教授就主张在大规模侵权案件中，引入“强制设立受害人共同体”（Zwangsgemeinschaft für Geschädigte bei Massenschäde）的模式。[297]依照这个模式，权利人只有最终放弃实体权利，才得以将自己排除在“共同体”之外。“受害人共同体”模式必须满足案件涉及的受害人人数100人以上，并且其中至少100个受害人的每人的请求权总额不低于10000瑞士法郎的要

〔296〕 O'Hare/ Hill，（见脚注291），S. 122.

〔297〕 Stark，Emil W. /Knecht，Stefan，（见脚注231），S. 51 – 80.

件。“受害人共同体”建立的决定需要由责任人或者一定数额的受害人申请，并且由法院以判决形式做出。通过公示程序通知受害人在一定期限内登记权利。公示中必须说明，期间届满权利人仍没有进行登记的，视为放弃权利。“受害人共同体”一经成立，所有人就成为“共同体”成员，无需其他额外法律行为。第一次债权人大会选举出一个代理人，该代理人与责任人草拟出一份和解协议，提交第二次债权人大会。如果该和解协议经债权人大会多数通过，则由法院批准，对所有成员发生效力。如果该和解协议不通过，则可以提起确认之诉。

四、对上述模式的评价

在考虑美国法上的“集团诉讼”采用的是“选择退出”（“opt out”）的模式或瑞士法中的“受害人共同体的强制设立”模式在德国法中的纳入问题时，会遇到和《德国基本法》（Grundrecht，GG）第 103 条第 1 款中的“法定听审权利”（Anspruch auf rechtliches Gehör）的矛盾冲突。《德国破产法》（Konkursordnung，KO）第 193 条第 1 句和《德国和解法》（Vergleichsordnung，VerglO）第 82 条第 1 款的规定并不能有效解决这个问题。因为这两个条款不具有普遍效力，只在特殊法领域发挥作用。美国法上的“集团诉讼”所采用的“选择退出”（“opt out”）的模式或瑞士法中的“受害人共同体的强制设立”模式，在当事人没有作出任何法律行为的情况下即成为共同体成员，并且要受到自己没有参加庭审，还可能对自己不利的判决的约束。除此之外，这样的模式也不符合德国诉讼法中的“当事人主义”原则。依据“当事人主义”原则，受害人有权自主决定是否提起诉讼。在美国的“集团诉讼”模式中，向集团成员送达通知会产生巨大费用；并且这部分费用不得附加到被通知的成员，而必须由诉讼代表人全部承担，这样的规定在美国可行，但是要借鉴到德国法中，就显得不切实际。最后，如果要借鉴美国的“集团诉讼”，还存在一个问题，即必须同时在律师法规中规定“胜诉费制度”(Erfolgshonorare)。这是因为，由于利益的驱使，“集团诉讼”往往是由律师所发起。

第四节　是否存在制定法规则的必要性

诉讼法上的问题，我认为可以通过在《民事诉讼法》中增加一个类似《德国行政法院法》第93a条的条款来解决。这样法院便可以依职权采用示范诉讼模式审理案件，并且将示范诉讼中已经得出的结论直接作为其他类似案件的判案依据，这也有助于诉讼效率和保持判决一致性。暂时停止审理的诉讼中的原告可以提出事实证明自己的情况和已经由法院做出判决的示范诉讼不同。另外，这一建议的好处还在于，它不存在与《德国基本法》中规定的“法定听审权利”的矛盾冲突问题。

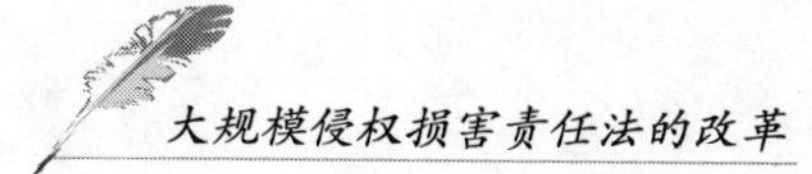

第八章　总　结

大规模侵权责任是否存在制定新的法律的必要性，不能笼统地做出回答。在不同的领域我们得出的结论不尽相同。

第一节　道路交通中的大规模事故

对于道路交通领域的大规模事故，我个人主张借鉴《意大利民法典》第2054条第2款的规定。机动车相撞的情况下，除非出现相反的证据证明，否则推定各方司机对各自车辆造成的损害共同负有同样的责任。

这一规定适用简便，并且不限于大规模事故的情况，因而博得广泛好评。如果这一规定得以被借鉴到《德国道路交通法》中，必须明确的还有以下几点：

首先这个规定应该不仅涵盖车主应负的严格责任，也应该包括司机的过错责任，这样车主和司机才得以从现行法规定的举证责任中解脱出来。第二，必须明确连带债务人不仅仅为自身也受到财产损害和人身伤害的机动车司机，还应该包括所有涉及事故之中的人，只是对于“事故涉及”的范围确定上，还需要寻求合理的界分标准。第三，明确《德国道路交通法》第12条中的责任限额适用于单个赔偿责任人，这样参与人数量和条款中规定的（最低的）责任限额相乘，才是受害人（至少）可以得到的损害赔偿总额。

第二节 大型载客运输工具事故

在我看来，尽管在严格责任领域不赋予当事人精神损害赔偿请求权的规定，早就应该被删去。但是这个问题并不是大型载客运输工具事故领域存在的特殊法律问题。对于在严格责任领域同样赋予当事人精神损害赔偿请求权的问题，应该通过立法做出一般性的普遍适用的规定。人身伤害的危险责任的规定亟待修改，精神损害赔偿也应被纳入进来。《德国内河航运

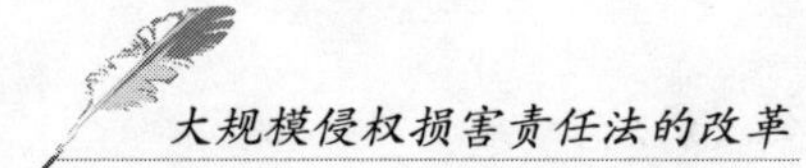

法》制定于上个世纪，其中关于责任限额的规定早已经过时，在这个领域，我认为可以借鉴《斯特拉斯堡公约》中关于责任限制的规定。这样一来，至少可以取代《德国内河航运法》中关于责任限额的过时规定。

第三节　环境事故

在环境责任法领域积极推进有关生态侵权的法律规范的制定的问题也越来越被提上日程。法律政策上的基本纲领和方向早已明确，立法者和学者们也达成了共识，应该尽快对环境责任立法进行修改。在此，我认为意大利环境法上的规定是非常有借鉴意义的：违反法律或者违反依法颁布的行政命令的行为，故意或过失地造成环境破坏，引起损害结果、使环境改变、恶化以及部分或全部的毁坏，行为人要对国家负损害赔偿责任。该规定赋予了国家一个公法性质上、私法操作上的请求权。此请求权以对“保护性法律”的违反而引起的损害赔偿责任为蓝本。

第四节 缺陷产品造成的大规模侵权

在缺陷产品造成的大规模侵权案件中，最具代表性的还是药物致人损害的案件，德国侵权法的规定显现出很大程度的不足。所以在我看来，应该借鉴《荷兰民法典》上的替代因果关系的规则。至少在《德国药品法》所调整的领域做出类似规定。不同于《德国民法典》第 830 条第 1 款第 2 句的规定，《荷兰民法典》第六编第 99 条并不要求“共同参与”这一构成要件。第 99 条在共同侵权人获得证明责任减轻或免除的情况下仍然适用。换句话说，即使在共同侵权人获得证明责任减轻或免除事由存在的情况下，也不会导致受害人的损害赔偿请求权完全落空的结果，即每个侵权人都必须举证证明损害不是因其行为所致，否则就要承担损害赔偿责任。

另外，经验告诉我们，在受艾滋病病毒感染的血液制品造成损害结果的案例中，往往会涉及第三人（例如，配偶）。所以在我看来，应该把这些间接受害者也纳入《德国药品法》第 84 条的保护范围。这里

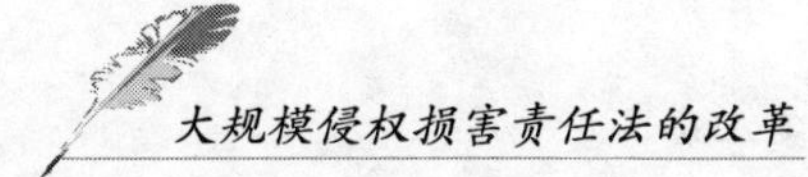

的间接受害者至少应该包括配偶和共同生活伴侣。在这个领域同样存在引入精神损害赔偿请求权的问题。此外，如果在危险责任领域，立法者不愿完全放弃最高责任限额，至少应当适当调高。20 年前确定的赔偿限额已经不能适应考虑通货膨胀因素后的经济发展水平。

第五节　大型活动中的大规模侵权

一直以来，大型活动中的大规模侵权责任，都是属于一般法律的调整范围。这本身并没有任何不妥。但至少应该将最重要的“安全注意义务”在《大型活动法》（Veranstaltungsgesetz）中明确下来。尤其是在大型赛事中，大型活动本身所包含的潜在危险会带来严重的社会问题。

第六节　程序法上的问题

诉讼法上的问题，我认为可以通过在《民事诉讼法》中增加一个类似《德国行政法院法》第 93a 条的条款来解决。这样法院便可以依职权采用示范诉讼的模式审理案件，并且将示范诉讼中已经得出的结论直接作为其他类似案件的判案依据，这也有助于诉讼效率和保持判决一致性。另外，这一建议的好处还在于，它不存在与《德国基本法》中规定的“法定听审权”的矛盾冲突问题。

译后记

在此我要感谢冯·巴尔教授同意将他提交给德国第62届法律人大会的鉴定意见在中国翻译出版，也感谢他的学生张红，因为在张红的多方帮助和协调下，使得《大规模侵权损害责任法的改革》在中国出版得以实现。

近些年来，我国因产品责任侵害消费者权益、环境污染、交通肇事连环车祸、证券诉讼等原因引起的大规模侵权纠纷不断。“三鹿奶粉案”并不是我国食品卫生领域发生大规模产品责任的首例，早在2004年，安徽阜阳地区就发生了因劣质奶粉造成的“大头娃娃”事件。银广厦案被称为“中国证券民事赔偿第一案”。该上市公司通过虚构企业利润等一系列造假活动，给广大投资者带来惨重损失。侵权法作为保护民事主体权益、划定个人自由范围和增进整个社会福祉的保障法，面临着应对工业社会所带来的大规模侵权风险的任务。

大规模侵权可能发生在各个法律领域，由于大规模侵权本身固有的不同于一般侵权行为的重要特征，包括侵权案件的数量、损害赔偿的累积性、事实认定和损害后果的复杂性，向我们法律人提出了包括如何补偿受害人损害在内的一系列责任法上的问题。但从总体上看，因果关系的不确定性仍然是大规模侵权中的一个难题。在程序法上，数量众多的受害人的诉求如何有序地提出、展开和完成，以避免冗长繁琐的诉讼程序和高额的诉讼费用，也是等待着我们去解决的问题。

2009 年 12 月 26 日公布的《中华人民共和国侵权责任法》，对我国一直以来以《中华人民共和国民法通则》十几个原则性条文结合单行法中零散规定的责任法体系作出了相应的调整。该法第 22 条规定侵害他人人身权益，造成他人严重精神损害的，被侵权人可以请求精神损害赔偿。这是我国在法律层级上第一次明确精神损害赔偿。在法律没有限定的情况下，精神损害赔偿当然不仅可以适用于过错责任，也可以适用于危险责任。由于大规模侵权损害后果严重，尤其是因侵权人故意或者重大过失对社会造成恶劣影响的案件，如果仅依据民法中一般的“损害填补”赔偿规则，无法起到通过大额赔付震慑侵权人的功能。因此，惩罚性赔偿成为现代侵权法的重要内容。《侵权责任法》在第47条产品责任中规定了惩罚性赔偿。值得考虑的是：惩罚性赔偿适用范围是否过窄，从而对恶意排污导致严重环境侵权、证券市场恶意散布虚假信息造成投资人受损等案件类型无法适用。

国外有学者认为，从某种意义上讲，整个侵权法都是判例法，几乎没有一个案件是一模一样的。所以对于那些立法者再三考虑仍没有在《侵权责任法》中规定下来的问题，以法律比较的立场，看“他山之石”，一定会为我们打开全新的视野。这也是本人翻译冯·巴尔教授的这个法律意见书的初衷。

在这个意见书中，需要关注的前沿问题主要有：在因果关系中概然性推定、替代因果关系的采用；在对受害人的保护和救济方式多元化趋势下，设立基金作为侵权当事人之间直接损害赔偿的替代方式等，例如，在“三鹿奶粉”事件中，三鹿公司一夜“崩溃”，就曾有过关于“政府垫付”、是否推行“食品强制责任保险”以及“全行业赔偿基金”等新的救济方式讨论；最后，企业在面临大规模赔偿损害诉讼请求后，从普通的损害赔偿程序转入到“破产还债程序”问题，尤其是受害人的损害赔偿请求权，较之于其他企业的债权的受偿顺序的优先。除此之外，在侵权责任法中，大量行政法成为判断责任是否成立的重要规范基础，如食品安全法、道路交通安全法、环境保护法等。这些公法性质的行政法中所规定的各项数据标准成为裁判的主要依据。因此，中国侵权责任法在实施过程中还要处理好这些行政法性质的规范和侵权法的关系。最后，由于大规模侵权案件的损害结果远远超出了传统侵权损害赔偿法所能够承受的范围，直接威胁到侵权法的损害赔偿功能，所以在损害填补、风险分散的功能上，形成了侵权法与保险法、社会保障法互相补充的局面。如何应对不可预测的损害已经远远超出了侵权法的范围，甚至挑战政府应对突发事件的能力。

对于这些问题，冯·巴尔教授都做了独到的阐述，译者仅希望自己能作一个德国乃至欧盟层面立法现状第一手资料的介绍和传递者，为我国的立法和司法提供借鉴，同时也为自己今后在这个领域进一步的研究和实践工作打下基础。

贺栩栩
2010 年 1 月 5 日于慕尼黑大学法学院

图书在版编目（CIP）数据

大规模侵权损害责任法的改革/（德）巴尔著；贺栩栩译．—北京：中国法制出版社，2010．5
（法学名篇小文丛系列）
ISBN 978－7－5093－1952－9

Ⅰ．①大…　Ⅱ．①巴…②贺…　Ⅲ．①侵权行为－民事责任－研究　Ⅳ．①D913．04

中国版本图书馆 CIP 数据核字（2010）第 085760 号

策划编辑：戴蕊　　　封面设计：蒋云羽

大规模侵权损害责任法的改革
DAGUIMO QINQUAN SUNHAI ZERENFA DE GAIGE

著者/（德）克里斯蒂安·冯·巴尔
译者/贺栩栩
经销/新华书店
印刷/河北省三河市汇鑫印务有限公司
开本/850×1168 毫米 32　　　印张/6．25　字数/86 千
版次/2010 年 6 月第 1 版　　　2010 年 6 月第 1 次印刷

中国法制出版社出版
书号 ISBN 978－7－5093－1952－9　　　定价：18．00 元

北京西单横二条 2 号　邮政编码 100031　　　传真：66031119
网址：http：//www.zgfzs.com　　　**编辑部电话：66065921**
市场营销部电话：66033393　　　**邮购部电话：66033288**